알기 쉬운 히브리서

세계복음화문제연구소
(The World Evangelization Research Center)는
한국 교회가 세계 복음화를 위하여
한 모퉁이를 담당해야 된다는 사명으로 사역하고 있습니다.

이 도서에 실린 모든 내용은
세계복음화문제연구소의
도서출판 세 복이 그 출판권자이므로,
학문적 논문의 인용을 제외하고는
본 연구소의 동의 없이 복제할 수 없습니다.

알기 쉬운 히브리어

지 은 이   네일 라이트푸트
옮 긴 이   홍성철
발 행 인   홍성철
초판 1쇄   2003년 5월 31일
발 행 처   도서출판 세 복
주   소   서울특별시 중랑구 면목5동 149-6 한밀빌딩 301호
           Tel/Fax (02) 448-5562
           E-Mail : johnschong@korea.com
등록번호   제1-1800호 (1994년 10월 29일)
총 판 처   예영커뮤니케이션
           Tel. (02) 766-7912, Fax. (02) 766-8934
I S B N   89-86424-63-0   03230

값 7,500원

ⓒ 도서출판 세 복

■ 잘못 만들어진 책은 언제든지 교환해 드립니다.

알기 쉬운 히브리서

네일 라이트푸트 지음

홍 성 철 옮김

도서출판 세 복

Everyone's Guide to

Hebrews

Neil R. Lightfoot

헌　서

보답을 바라지 않고 나누어 주기만 하는

커비와 카렌 바커(Kirby and Kaaren Barker)와

더브와 폴리 오어(Dub and Polly Orr)에게

이　책을　바칩니다.

목 차

서 문

내가 대학교를 다닐 때 어느 콧대가 센 선생님이 말도 안 되는 숙제를 내주었다. 그의 반 학생들에게 히브리서를 통째로 암송하라고 한 것이었다. 나는 시간표의 문제 때문에 그 반에 들어갈 수 없었으나, 그 반 학생들처럼 나도 히브리서를 암송하기로 작정하였다. 그 때부터 나는 히브리서를 연구하며 또 사랑하기 시작했는데, 많은 세월이 지나갔으나 지금까지도 나는 히브리서를 사랑한다. 여러 해 전, 나의 첫 번째 설교도 히브리서 2장 1-3절을 본문으로 한 "위대한 구원"이라는 제목으로 하였다.

물론, 나는 그 때 애빌린기독대학교(Abilene Christian University)에서 많은 대학원 학생과 학부 학생에게 오랫동안 히브리서를 가르칠 특권을 누리리라고는 꿈도 꾸지 못했다. 그뿐 아니라, 많은 성경 연구반에서 그리고 설교에서 그토록 자주 히브리서를 중심으로 말씀을 나눌지도 생각하지 못했다. 이런 모든 일은 나에게 크나큰 기쁨이 되었다.

이것은 내가 히브리서에 대하여 쓴 두 번째 책이다. 이 책은 먼저 것과는 전혀 다르며 또 새롭다. 이 책의 목표는 히브리서라는 놀라운 책을 모든 사람에게 알기 쉽게 이해시키는 것이다.

반드시 부언(附言)하고 싶은 것은 이 책이 전문적인 의미에서 주석(註釋)이 아니라는 사실이다. 그러면서도 나는 모든 주석처럼 본문의 의미를 가능한 대로 분명히 드러나도록 최선을 다했다. 그것도 재미있으면서도 실제적으로 도움이 될 수 있도록 했다. 그것은 언제나 나의 가르침에 있어서 중요한 목표였다.

이 책은 14장으로 나누어진다. 수업의 시간상 13장으로 줄여서 가르칠 수밖에 없다면, 9장과 10장을 하나로 묶어서 가르치기를 추천한다.

히브리서에 관한 많은 저술과 논문이 나에게 큰 도움이 되었으나, 이 저서의 형편상 그것들을 모두 거론할 수는 없다. 그러나 그 가운데 몇 권은 이 책 말미(末尾)에 있는 추천 도서에 포함시켰다.

많은 사람들이 나의 첫 번째 책인『오늘의 예수 그리스도: 히브리서 주석』(Jesus Christ Today: A Commentary on the Book of Hebrews)에 대해 격려해 준 것에 진심으로 감사한다. 그 책은 처음에 베이커출판사(Baker Book House)에서 출판되었다가, 그 후 성경지침출판사(Bible Guides: P. O. Box 273, Abilene, Texas 79604)에서 재판되고 있다.『알기 쉬운 히브리서』와『오늘의 예수 그리스도』는 서로 다르나, 여기저기에서 전자(前者)는 후자(後者)를 강화시킬 것이다.

이 책의 제목을 달리 잡을 수 있다면, 사랑받는 찬송가인 "만유의 주재"에서 표현된 "아름다운 구주"가 되었을 것인데, 그 까닭은 히브리서는 예수님을 아름다운 구주로 놀랍게 묘사할 뿐 아니라, 그분을 높이고 있기 때문이다.

『알기 쉬운 히브리서』로 인하여 히브리서를 더 연구하게 되고 또 더 많이 가르치게 되기를 바라는 마음 간절하다. 그러나 내가 이 책을 쓴 것은 아름다운 구주이신 예수 그리스도를 특별히 공경하기 위함이었다.

네일 라이트푸트
애빌린기독대학교
2002년 2월 9일

1

권면의 메시지

권면의 말을 용납하라.

히브리서 13:22

히브리서에는 호소하며 아름다운 그 무엇이 깃들여져 있다. 그 책의 장엄한 언어와 문체, 담대한 선언들, 철저한 논쟁들, 마음을 움직이게 하는 탄원들--이 모든 것들은 신약성경 어디에서도 찾아볼 수 없는 것들이다. 문학적인 입장에서만 보더라도, 히브리서는 "작은 걸작품"으로 묘사될 만하다. 그 책을 여는 문장은 그 장엄함을 잘 설명한다: "옛적에 선지자들로 여러 부분과 여러 모양으로 우리 조상들에게 말씀하신 하나님이 이 모든 날 마지막에 아들로 우리에게 말씀하셨느니라." 히브리서는 다른 비유를 빌리자면 하나의 예술 작품이다. 미켈란젤로(Michelangelo)의 *모세*와 라파엘(Raphael)의 *변화*와 더불어 우리는 히브리서의 아름다움을 첫눈에 느낄 수 있다.

그러나 예술 작품을 충분히 감상하기 위해서는 그것을 심도 있게 연구해야 한다. 그 역사와 배경에 대하여 무엇을 배울 수 있는가? 그것은 누구를 위하여, 그리고 왜 그려졌는가? 그 작품을 해산(解

産)한 예술가는 누구이며 또 어떤 기술로 그 작품을 그려냈는가?

히브리서는 걸작품으로서 많은 질문을 일으킨다. 이런 책에서 그런 질문들을 모두 다루기란 가능하지 않다. 그러나 그 가운데 중요한 것들은 반드시 다루어야 하는데, 다행히 그 작품을 자세히 살펴보면 해답의 실마리를 찾을 수 있다. 히브리서는 흥미로운 질문들을 던질 뿐 아니라, 귀를 기울이고 들어야 할 놀라운 메시지를 열어 준다.

13장

히브리서 연구를 어떻게 시작할 것인가? 가장 좋은 시발점은 13장일 수도 있다. 마지막을 처음에 다룬다는 것은 이상한 방법이나, 그럴 만한 좋은 이유들이 있다. 첫째, 1장은 시작의 말--보통 저자가 누구이며 최초의 독자가 누구인가를 알려 주는 말--도 없이 시작된다. 둘째, 13장은 많은 헬라 편지의 결론에서처럼, 다른 어떤 책에서 보다 히브리서에 대한 많은 역사적 환경을 제공한다. 셋째, 13장은 히브리서의 주된 특징을 제법 수록하고 있다.

우리가 13장을 읽으면서 히브리서에 대하여 두드러지게 드러내는 몇 가지 사실을 찾을 수 있다.

1. **히브리서는 편지이다.** 히브리서는 꼭 설교처럼 시작되나, 분명히 편지처럼 끝을 맺는다. 그 당시 전형적인 헬라 편지에서는 다른 사람들에 대한 문안이 끝에 포함된다. 그런 이유 때문에, 예를 들면, 로마서 16장에 많은 사람들의 이름이 열거되는데, 그 장에서

바울은 많은 사람들에게 정성껏 문안을 보낸다. 히브리서도 마찬가지로 문안으로 끝을 맺는다 (24절). 그런 편지의 끝에 종종 포함되는 또 다른 요소는 축도인데, 히브리서도 예외는 아니다 (20-21절). 고대 헬라 편지의 또 다른 특징은 여행 계획과 작별 인사인데, 히브리서에서도 그렇다.

2. 히브리서는 특정한 회중에게 보내진 편지이다. 우리는 히브리서 13장에서 저자와 독자가 가까운 관계를 유지하고 있다는 사실을 볼 수 있다. 저자는 그들에게 기도를 요청하며 (18절), 또한 곧 그들을 만날 것을 기대한다 (19, 23절). 그는 그들의 지도자들—과거와 현재의 지도자들—에 대하여 알고 있으며 (7, 17절), 이제 현재의 지도자들에게 안부를 전한다. "너희를 인도하는 자와 및 모든 성도에게 문안하라"는 표현을 보면 본래 히브리서가 가정 교회를 만든 그리스도인들에게 보낸 편지라는 힌트를 얻게 된다. 그렇지 않다면, 왜 저자는 "너희를 인도하는 자"와 "모든 성도"에게 문안하라고 말하겠는가?

히브리서가 특정한 문제를 가지고 있는 특정한 회중을 위하여 기록된 특정한 편지라는 것을 분명히 알려 주는 부분이 적지 않다. 독자들은 심각한 핍박을 받은 바 있었다; 그들은 재산도 잃은 바 있었으나, 그 시험을 잘 견디어 냈다 (10:32-34). 히브리서 전반부에 의하면, 그들은 그리스도를 직접 보고 들은 증인들로부터 복음을 전수받았으며 (2:3), 그 후 그리스도인들이 된 지 상당한 기간이 지났으며 (5:12), 그 때부터 지금까지 다른 그리스도인들을 적극적으로 섬기고 있었다 (6:10). 12장에 의하면, 비록 그들이 핍박을 받았지만, 아직은 아무도 순교를 당하지 않았다 (12:4). 이런 모든 사실에 의하면, 히브리서가 일반 서신이 아니라 영광스러운 과거를 가진 특정한 회중에게 보내진 편지이다.

3. 히브리서는 권면의 편지이다. 이것도 역시 13장에서 분명히 보여 준다. 저자는 그의 편지를 마치면서 이렇게 말한다, "내가 너희를 권하노니, 권면의 말을 용납하라" (22절). 13장에는 1절부터 끝까지 여러 가지의 권면들이 포함되어 있다. 비슷한 권면들이 히브리서 전체 여기저기에 들어 있는 것도 사실이다. 어떤 권면은 짧으면서도 핵심적인데 반하여 어떤 것은 제법 긴데, 그 이유는 구약 성경의 여러 구절과 연결해서 여러 가지의 권면을 주고 있기 때문이다. 히브리서에 담긴 권면들을 여기에서 잠깐 살펴보자:

2:1-4	하나님의 말씀에서 떨어지지 말라는 권면
3:7-4:16	하나님의 말씀을 불신하지 말라는 권면
5:11-6:20	하나님의 말씀에 무감각하지 말라는 권면
10:19-13:25	하나님에게 가까이 가라는 권면

히브리서의 전체 305구절 가운데 172구절이 권면의 말씀이다. 이것은 히브리서 중 절반 이상이 독자들에게 보내는 구체적인 권면들로 구성되어 있다는 것을 의미한다.

결국, 히브리서는 *그리스도인들에게 믿음을 놓지 말라고 적극적으로 권면한 가장 긴 편지이다.* 히브리서 연구는 중요한가? 독자와 내가 믿음을 놓지 말아야 될 만큼 중요하다! "너희에게 인내가 필요하노라," 저자는 말한다 (10:36). 아브라함도 하나님의 약속을 기다리면서 "오래 참았다" (6:15). 모세는 애굽에서 도망한 후 그리고 미디안에서 오랜 세월을 보낸 후, "보이지 아니한 자를 보는 것 같이 하여 참았다" (11:27). 그리고 그리스도도 십자가를 "참으셨다" (12:2). 놓지 말라, 그리고 중도에 포기하지 말고 그리스도인의 길로 나아가라--이것이 바로 히브리서의 호소이다. 우리가 지금까지 히브리서를 어떻게 생각했는지와 상관없이, 히브리서는 진정으로 "권면의 메시지"이다.

4. 히브리서는 경고의 편지이다. 히브리서에 산재(散在)하는 권면들은 엄중한 경고도 담고 있다. 다시 한 번 13장은 이것을 잘 설명한다. 7-9절에서 저자는 이렇게 말한 결과가 된다, "너희에게 복음을 처음 전해 준 너희의 지도자들을 기억하라. 그 복음은 변하지 않았는데, 그 이유는 예수 그리스도가 항상 동일하시기 때문이다. 그러므로 이상한 가르침에 미혹되지 않도록 하라."

여기에서 우리는 권면과 경고를 동시에 보는데, 그것이 바로 히브리서 전체에서 두드러지게 나타나는 모형이다. 이 편지를 최초로 읽은 사람들이 그리스도인이 된 후 여러 해가 흘러갔다. 그들 가운데 있었던 열정도 죽어가고 있는데, 특히 어떤 사람들은 무척 위험한 지경에 이르렀다. "때가 오래므로 너희가 마땅히 선생이 될 터인데, 너희가 다시...누구에게 가르침을 받아야 할 것이니라" (5:12). "혹 너희 중에 누가 믿지 아니하는 악심을 품고...떨어질까 염려할

것이요"(3:12). "우리가 이같이 큰 구원을 등한히 여기면 어찌 피하리요?"(2:3)

뿐만 아니라, 6장 4-8절과 10장 26-31절에는 우울한 경고가 들어 있는데, 특히 후자는 다음과 같은 말로 끝을 맺는다, "살아 계신 하나님의 손에 빠져 들어가는 것이 무서울진저." 그럼에도 불구하고 저자는 "하자"(let us)라는 표현을 종종 사용하면서 독자를 격려한다. "우리는 두려워하자"(4:1; 4:11, 14, 16도 마찬가지이다). "우리가...완전한 데 나아가자"(6:2). "하나님께 나아가자"(10:22). "인내로써 경주하자"(12:2). "감사하자"(12:28).

5. 히브리서는 교리적으로도 의미 있는 편지이다. 13장에서 저자는 거짓 가르침에 대하여 경고한 직후, 그리스도인들에게는 다른 사람들이 참여할 수 없는 "제단이 있다"고 선언한다 (10절). 그 제단은 특히 13장에서는 비유적으로 그리스도의 희생을 나타낸다. 그리스도인들만이 그분이 단번에 바친 희생의 피로부터 유익을 얻을 수 있다. 저자는 그런 표현으로 지금까지 그가 전하려 했던 것을 요약할 뿐 아니라, 그리스도 때문에 달라진 우리의 놀라운 변화에 초점을 맞춘다. 결국 히브리서는 권면과 경고의 편지만은 아니다. 히브리서는 가볍게 벌린 입에서 나온 말이 아니다. 히브리서 가운데 거의 절반이 그리스도와 그분의 업적과 그 의미에 초점이 맞추어져 있다. 이것이 저자가 경고와 격려를 위하여 쌓아둔 견고한 바탕이다.

해답 없는 질문들

비록 13장이 히브리서에 대하여 많은 유익한 정보를 제공하는 것도 사실이나, 해답 없는 많은 질문이 있다. 우리는 더 많은 것을 알기를 원한다. 거기에 어떤 문제에 대해서는 히브리서 전체가 감질날 정도로 아무런 해답도 주지 않는다. 히브리서의 저자는 누구인가? 그리고 왜 그는 이름을 밝히지 않는가? 그가 편지를 기록할 때 어디에 있었는가? 그는 언제 기록했는가? 그리고 이 초대 교인들이 이 편지를 처음 받았을 때 어디에 살고 있었는가?

저자에 대한 질문에 대하여, 많은 사람은 히브리서가 바울의 작품이라고 믿는다. 흠정역의 제목은 이렇다: "히브리인들에게 보낸 사도 바울의 편지." 그러나 이것은 전통적으로 전해진 제목에 불과하며 초기의 원고에서는 찾아볼 수 없는 제목이다. 물론 히브리서를 바울이 기록할 수도 있고, 또 그렇지 않을 수도 있다. 중요한 것은 그 편지를 쓴 저자의 *권위*이다. 저자의 태도와 어조, 그의 편지를 받은 교회와 절친한 관계 등 모든 것은 널리 알려진 기독교 선생으로서 하나님의 영으로 감동을 받고 이 편지를 기록했다는 것을 증명한다.

언제 이 편지를 기록했느냐는 질문에 대해서는 주후 70년 예루살렘의 멸망 이전의 시기로 간주하는 것이 타당해 보인다. 레위가 "십일조를 받는다"(7:9)와 "장막에서 섬기는 자들"(13:10)이라는 표현을 볼 때, 결론적으로 말할 수는 없지만, 그래도 예루살렘 성전에서 예배가 이루어지고 있던 때라고 말할 수도 있을 것이다.

히브리서를 처음 받음 사람들에 대해서 그리고 그들이 어디에 살았는지에 대해서는 아무 것도 분명히 알려지지 않는다. "이달리야에서 온 자들"은 저자나 아니면 독자가 이탈리아에 있었다는 사실을 함축한다. 이 편지가 "히브리서"로 알려지기 때문에 적잖은 사람들은 편지를 받은 사람들이 예루살렘이나 팔레스타인에 살았다고 믿는다. 그러나 이것은 제목이 의미하는 것보다 더 많은 주장이며, 이런 견해를 지지할 만한 어떤 증거도 히브리서에는 있지 않다.

우리는 이 편지가 일반적으로 "히브리서"라고 알려진 이유를 물을 수 있다. 이 제목은 적어도 2세기 말엽까지 거슬러 올라가며, 현존하는 헬라어 원본에 있는 최초의 제목도 간단히 "히브리인들에게"라고 되어 있다. 편지에 그런 제목이 주어진 것은 그 편지가 유대의 배경을 가진 그리스도인들을 위하여 기록되었기 때문인 것 같기도 하다. 히브리서는 유대의 예배 형식—장막, 제사장, 제물 및 그에 따른 부수적인 것들—을 가리키는 것들로 가득하다. 여기에는 이방인의 배경을 가진 사람들을 가리키는 것은 하나도 없다. 그뿐 아니라, 히브리서 전체의 논증(論證)은 구약성경의 제도와 약속이 그리스도 안에서만이 그 의미를 찾을 수 있다는 사실이다. 이것은 처음부터 유대의 신앙으로 양육된 사람들에게서 찾을 수 있는 논증이다.

목 적

만일 히브리서가 유대인 그리스도인들에게 최초로 보내졌다면, 그들의 입장이 유혹을 받을 수밖에 없는 특별한 이유라도 있었단 말인가? 있었다면 그것이 무엇인가를 생각해보도록 하자. 한 편으로 조상들에게 약속된 땅이 있었는데, 물론 그 중심은 다윗의 도성인 예루살렘이었다. 유대인은 예루살렘으로 가서 화려한 성전을 두 눈으로 볼 수 있으며, 아름다운 음악을 들을 수 있으며, 향기로운 향내를 맡을 수 있으며, 제사장들이 인상적인 제물을 드리는 것도 주목할 수 있었다. 다른 한 편으로, 개인의 집에서 드려지는 그리스도인들의 예배가 있었다--아무 제사장도 없고, 아무 제물도 없고, 아무 허례허식도 없는 예배였다. 그 외에도 오랫동안 지켜온 조상들의 전통을 무시한 채 교회로 몰려드는 이방인들이 있었다. 그 다음은 어떻게 될 것인가? 그렇다, 예수님이 전해졌고 또 많은 유대인이 받아들였다. 그러나 이스라엘 나라는 회복될 것인가 (행 1:6 참조)? 왜 그분은 그렇게 오랫동안 오시지 않으셨는가?

히브리서의 내용에 따르면, 그 편지의 목적은 독자들로 하여금 결국 유대교와 기독교 중에 하나를 선택하게 하는 것 같다. 그들은 그 두 종교 사이에서 갈등을 하고 있었는가? 만일 그렇다면, 바로 그런 이유 때문에 저자는 그들이 입으로 고백한 그리스도를 붙잡으라고 그토록 엄중하게 부탁하는가 (3:1; 4:14; 3:6, 14; 10:23 참조)? 그들은 유대교로 완전히 되돌아가기 직전에 있을 만큼 위험한 경지에 도달하지는 않았는가? 만일 그렇다면 이것은 그리스도를 거부하고, 그분을 발로 짓밟으며, 그분의 피를 멸시하는 것이야말로 (10:26-29) 다시는 회복할 수 없는 결과(6:4-6)와 함께 그분을 다시 십자가에 못박는 것과 같다고 저자가 주장하는 이유이다. 어떤 경우이든, 저자는 우리가 그분의 능욕을 짊어지고, "영문 밖으로" 그분에게 나아가라고 권면한다 (13:13). 그 말을 달리 표현하면, 결과를 생각하지 말고 그리스도에게 나아가라는 명령인데, 그 이유는 그분에게서 떨어지는 것은 생명으로 인도하는 유일한 길을 거부하는 셈이기 때문이다.

용 어

이제 히브리서가 지닌 특별한 언어에 대하여 특별히 한 마디 하지 않을 수 없다. 여러 가지 면에서 히브리서는 신약성경의 다른 책들과는 많이 다르다. 구세주인 그리스도에 초점을 맞춘 히브리서의 메시지는 신약성경 전체의 메시지를 놀랍게 보완한다. 그러나 히브리서를 읽으면서 그 책의 독특성에 놀라지 않을 수 있는 사람은 없을 것이다. 히브리서는 설교식으로 전개된 "권면의 메시지"이며 (행 13:15 참조), 어떤 면에선 구두(口頭)로 된 연설문이다. (독자는 히브리서를 공부할 때 *큰 소리로* 읽으면서 시간을 내어 그 메시지를 *경청하라*.) 히브리서는 종종 "말하다"는 표현을 사용하며 (2:5; 5:11; 6:9; 9:5; 11:32 참조); 그 언어는 수사적(修辭的)이며 상당히 문학적이다.

문학적인 특성은 물론이고, 히브리서의 용어도 매우 다르다. 어쩌면 이것 때문에 그토록 많은 사람들이 히브리서를 어려워할 것이다. 왜냐하면 히브리서가 가지고 있는 흔치 않은 많은 용어에 익숙하지 않으면 당연히 그 책은 어려울 수밖에 없다. 히브리서의 언어에 대하여 독자는 세 가지를 염두에 두지 않으면 안 될 것이다.

1. 그것은 구약성경에 깊이 젖은 언어이다. 히브리서의 틀 자체가 일정한 구약성경 본문을 실제적으로 강해한 것이다. 이런 양상은 다음과 같이 개괄(概括)할 수 있을 것이다:

히브리서 장	구약성경 관주
1	7회 구약 인용
2	시 8; 시 22; 사 8
3	민 12; 시 95
4	시 95; 창 2
5	시 2; 시 110
6	구약의 암시
7	창 14; 시 110
8	렘 31
9	구약의 암시
10	시 40; 렘 31; 합 2
11	구약의 암시
12	잠 3; 학 2
13	시 118

종합해 보면, 히브리서는 구약성경을 약 30회나 인용하며 또 70

회나 암시한다.

2. 그것은 예식과 의식의 언어이다. 이것이 사실인 이유는 히브리서는 "제사"와 "예물"과 "제사장"에 대하여 그토록 많이 다루기 때문이다. 진정으로, 히브리서는 제사장에 해당되는 용어들로 가득하다: "가까이 가라"--구약성경의 제사장이 제사장의 직분을 수행하면서 하나님에게 접근하듯이 말이다; "온전한"--제사장을 구별하여 드림으로 임무를 수행한다는 뜻이다; "성결케 하다"--하나님 보시기에 "거룩해지다"의 의미이다; "사역하다"--제사장의 직무를 가리킨다.

3. 그것은 비교와 유추(類推)의 언어이다. 선지자들의 말과 아들의 말이 비유된다 (1:1-2); 천사들이 선언한 메시지와 주님이 선언하신 위대한 구원이 대조를 이룬다 (2:7-9); 가나안의 안식과 하늘의 안식이 비교된다 (4:1-13); 대제사장 아론과 대제사장 예수님이 비교된다 (5:1-10); 염소와 송아지의 피와 그리스도의 피가 대조를 이룬다 (9:12-14); 그 이외에도 히브리서는 끊임없이 비교와 유추의 언어를 가지고 있다.

바로 여기에서 많은 독자는 쩔쩔맨다. 그들은 히브리서에는 문자적으로 받아들일 수 없는 것이 많다는 사실을 결코 이해하지 못한다. 히브리서 6장 19-20절은 예수님이 "휘장 뒤로" 가셨다고 기록한다. 이것은 물론 유추의 언어이다. 이스라엘의 성막에서 지성소는 휘장에 의하여 구분되었다. 예수님은 그 휘장을 지나 하늘의 지성소로 들어가셨다. 히브리서 8장 2절과 9장 11절에 나오는 "참 장막"과 "크고 완전한 장막"은 전혀 장막을 가리키지 않는다. 하늘에는 장막이란 없으며, 그런 용어는 유추에 의하여 해석되어야 한다. 그뿐 아니라 그리스도는 당신의 피를 "가지고" 하늘에 가지 않으셨다. 그 대신, 그리스도는 하나님이 계신 하늘의 지성소로 들어가셔서, 거기에서 당신의 피를 뿌리셨고 영원한 구속을 이루셨다 (9:12).

이런 사실들은 히브리서의 용어에 대하여 세심한 주의를 기울이지 않으면 안 된다는 것을 의미한다. 히브리서의 용어는 아름다우며, 복잡하고, 난해하다. 저자의 문체(文體)는 지극히 수사적이며 동시에 시적(詩的)인 요소를 지니고 있다. 그러므로 다음과 같은 표현은 옳을 수밖에 없다:

> 누구든지 시인을 옳게 이해하려면
> 그 시인의 경지에 들어가야 한다.

이것을 기억하지 않는 사람은 어쩔 수 없이 히브리서를 옳게 이해하지 못할 것이다.

그리스도가 중심이다

비록 히브리서가 많은 용어를 고대의 예식에서 가져왔으나, 그래도 히브리서는 그리스도를 각별히 높이고 있다는 사실을 잊어서는 안 된다. 그분은 만물 위에 계신다. 그분은 히브리서의 심장이요 중심이다.

저자는 히브리서를 주변에서 시작하지 않고 중심에서 시작한다. 하나님은 당신의 마지막 메시지를 아들을 통하여 말씀하셨다. 저자는 독자에게 관심을 기울이지 않는다. 저자는 독자의 문제로 시작하거나 그들의 문제를 다른 사람들과 나누라고 하면서 히브리서를 시작하지 않는다. 저자는 그들에게 필요한 것은 바로 그리스도라는 사실을 안다. 만일 그들이 그리스도를 충분히 인식하게 된다면, 만일 그리스도가 그들을 위하여 어떤 일을 이루셨는지를 진정으로 이해한다면, 그들이 안고 있는 회중의 문제는 물론 개인의 문제도 성공적으로 해결할 수 있을 것이다. 저자는 말한다, "우리의 믿는 도리의 사도시며 대제사장이신 예수를 깊이 생각하라"(3:1). 그들이 꼭 필요로 하는 것은 바로 이것이었다. 그것은 오늘의 우리들의 필요이기도 하다. 그리스도의 유일성에 대한 메시지는 언제나 유용하다.

히브리서는 모든 중요한 내용을 크게 다음의 두 주제를 중심으로 전개한다: 그리스도의 인격과 그리스도의 사역. 히브리서의 초반부는 그리스도가 *누구이신가*에 초점을 맞추며, 후반부는 그리스도가 *무엇을 하시는가*에 초점을 맞춘다. 넓은 의미에서, 히브리서는 다음과 같이 나눌 수 있다:

1-6장	하나님의 말씀—그리스도는 누구신가
7-10장	하나님의 역사—그리스도는 무엇을 하시는가
11-13장	하나님의 말씀—마지막 권면들

이 그리스도는 누구신가? 1-6장에서 우리는 그분이 하나님의 아

들이심을 본다. 아들이신 그리스도는 선지자들보다 위대하며 (1:
1) 천사들보다 위대하다 (1:2-2:18). 아들이신 그리스도는 모세
보다 위대하며 (3:1-6), 여호수아보다 위대하며 (4:1-10), 아론
보다 위대하다 (5:1-10).

이 그리스도는 무엇을 하셨는가? 7-10장에서 우리는 그리스도
가 아들이시며 동시에 제사장이심을 본다. 사실, 예수님이 제사장
이라는 사실은 히브리서 전반부에서도 암시되고 또 분명히 언급된
다 (1:3; 2:17; 4:14-5:10). 1장이 그리스도를 하나님의 아들로
묘사한다면, 2장은 그리스도를 인자로 제시한다. 형제들과 같이 되
신 아들(2:17)은 인간의 몸을 입으셨다 (2:14). 그분은 얼마 동안
천사들보다 낮아지셨다 (2:9). 그분은 인간의 한계를 받아들여,
시험이라는 고통스러운 곤경도 경험하셨다 (2:18; 4:15). 그분이
비록 아들임에도 불구하고, 끝까지 십자가를 지심으로 순종을 배우
셨다. 그리고 그분은 순종을 배우심으로 마침내 우리의 대제사장이
되는 자격을 얻으신다 (5:8-9). 실제로, 십자가의 죽음은 제사장
의 행위였다 (8:3 참조). 역사적으로, 그 죽음은 이 세상에서, "영
문 밖에서" 일어났으나 (13:12), 그는 이 세상에서는 대제사장이
되실 수 없었다 (8:4). 그러므로 그분의 대제사장 직분은 하늘에
속한다. 비유적으로 그분은 하나님 앞에서 자신의 피를 영원한 제
물로 뿌리셨다 (9:12-14). 아무런 그림자도 없는 하늘에서 (10:1
참조) 제물을 정말로 드린 것이었다. 그러니 하나님이 그에게 영광
과 존귀로 관을 씌우신 것은 조금도 놀랄 일이 아니다 (2:9).

> 아름다운 구세주! 모든 민족의 주님!
> 하나님의 아들이시며 인자시여!
> 영광과 존귀와 찬양과 경배가
> 지금으로부터 영원토록 당신에게 있을지어다.

질 문

1. 왜 우리는 히브리서 연구를 13장에서 시작해야 하는가? 그 장 끝에 나오는 구절들에서 우리가 배울 수 있는 요지는 무엇인가?

2. 13장과 다른 곳에서, 히브리서가 어떤 특정한 회중을 위하여 기록된 편지라는 것을 어떻게 보여 줄 수 있는가?

3. 어떻게 히브리서가 "권면의 말씀"이자 동시에 경고의 편지인가? 특정한 말씀을 언급하면서 이것을 논의하고 설명하라.

4. 우리는 히브리서를 통하여 그 편지를 처음 받은 독자에 대하여 무엇을 배울 수 있는가? 우리는 그들의 과거 경험과 현재의 문제에 대하여 무엇을 알 수 있는가? 이런 정보에 비추어서, 그 편지 전체가 주는 목적에 대하여 토론하라.

5. 이 편지에 나오는 용어는 어떤 특징이 있는가? 그것에 주의를 기울여야 되는 중요한 이유는 무엇인가?

6. 충분하지는 않지만 그래도 어떻게 그리스도가 히브리서의 중심이 신가를 보여 주라.

2

예수, 하나님의 아들

히브리서 1:1-2:4

하나님이 아들로 말미암아 우리에게 말씀하셨느니라.

히브리서 1:2

신약성경 전체에서 히브리서의 첫 문장처럼 장엄하고 정교하게 기록된 문장은 없다. 헬라어에 의하면, 처음 1절부터 4절은 하나의 장엄한 문장으로 되어 있다: "…말씀하신 하나님이…아들로 우리에게 말씀하셨으니…이는…죄를 정결케 하는 일을 하시고…저가 천사보다 얼마큼 뛰어남은…." (성경을 펴서, 첫 문장과 장을 소리 내어 읽어라. 대부분의 고대 문학은 소리 내어 읽음으로 다른 사람들이 들을 수 있도록 기록되었다.) 단어의 선택도 다분히 의도적인 것처럼 보인다. 하나님이 예수님을 통해 말씀하신다는 것 자체가 놀라운 것이며, 그런 놀라운 사실을 표현하기 위해서는 가능한 한 가장 고상한 언어가 아니면 안 된다는 사실을 것을 강조한 것 같다.

서곡 (1:1-4)

1-4절은 서곡 내지 머리말로 분류될 수 있다. 극적인 뮤지컬에서는 관현악단이 먼저 서곡을 연주하는데, 그것은 그 극의 주제를 일부 소개하는 역할을 한다. 마찬가지로, 이 머리말은 비슷한 기능을 하면서 히브리서의 기본적인 메시지를 요약한다. 완전하면서도 결정적인 하나님의 계시가 예수 그리스도 안에서 주어진다. 저자는 자신을 저자로 소개하지 않고, 말씀하시는 하나님과 영광받으신 아들을 저자로 소개한다. 그것이 함축하고 있는 메시지는 우리가 그 말씀에 귀를 기울이지 않으면 안 된다는 사실이다.

물론 하나님이 한 번도 말씀하신 적이 없다는 것은 아니다. 그리스도를 통하여 말씀하신 하나님은 선지자들을 통하여 여러 가지 방법으로 유대 조상들에게 말씀하셨다. 그러나 선지자들과 아들 사이에는 얼마나 큰 차이가 있는가! 선지자들은 물론 하나님이 성령으로 감동을 주신 사람들임에 틀림없지만, 그래도 그들은 기껏해야 인간에 불과했다. 예수님은 전혀 다르시다. 여기에 묘사된 예수님은 이상하리만큼 독특하다. 많은 번역판이 그 내용을 애매하게 하는 것도 사실이나, 저자는 하나님이 "아들 안에서" 말씀하셨다는 것을 분명히 언급한다. "아들로"라는 말은 그런 의도를 잘 전달한다. 그분은 아들의 지위와 위엄을 지니신다 (3:6; 5:8; 7:28 참조). 그분은 단순한 대변인이 아니라 아들이시다. 그리고 바로 그분이 아들이시기에, 옛적 "조상들"과 우리의 형편과는 많은 차이가 있다. 그뿐 아니라, 하나님은 "이 모든 마지막 날"에 우리에게 결정적으로 그리고 문자적으로 말씀하셨다. 지금은 그리스도의 출현으로 시작되어 "두 번째" 나타나실 때까지 계속되는 시대이다 (9:28).

저자는 하나님의 아들을 어떻게 묘사할 것인가? 그분을 경시(輕視)하는 독자들을 향하여 편지를 쓰면서 저자는 아들에 관하여 다음의 일곱 가지를 지적한다.

1. 그분은 만유의 상속자로 지명되셨다.
2. 그분은 하나님이 우주를 만드신 통로이시다.
3. 그분은 하나님의 영광을 드러내신다.
4. 그분은 하나님의 완전한 형상이시다.
5. 그분은 당신의 능력 있는 말씀으로 우주를 붙잡으신다.
6. 그분은 죄들을 깨끗케 하셨다.
7. 그분은 하나님 우편에 앉으셨다.

이 모든 것에서 아들이신 그리스도는 누구와도 견줄 수 없는 탁월한 위치에 있다. 다시 말해서, 그분은 모든 것 위에 계신 분이다.

1. 그 아들은 상속자이다. 왜 이 사실이 첫 번째 목록인가? 히브리의 사고에는 아들과 상속 사이에는 중요한 관계가 있으며, 특히 그 아들이 독자일 때는 더욱 그렇다. 십중팔구 저자는 이미 시편 2편을 생각하고 있는데, 그 까닭은 5절에서 시편을 인용하면서 그 말씀을 예수님에게 적용시키기 때문이다. 시편 2장 8절은 세상의 열국(列國)과 땅끝을 그 아들의 "유산"으로 언급한다. 그 아들은 아버지 하나님과 함께 만물을 소유하신다. 그뿐 아니라, 상속의 개념

은 히브리서에서 중요하며, 특히 우리에게도 중요한데, 그 까닭은 우리도 구원의 상속자이기 때문이다 (1:14; 6:17 참조).

2. 그 아들은 창조주이다. 아들을 통하여 시간과 공간이 있는 온 우주가 탄생되었다. "만물이 그로 말미암아 지은 바 되었으니, 지은 것이 하나도 그가 없이는 된 것이 없느니라" (요 1:3). "주 예수 그리스도가 계시니, 만물이 그로 말미암고 우리도 그로 말미암았느니라" (고전 8:6; 골 1:16 참조). 물론, 하나님만이 창조주이시며, 따라서 저자는 히브리서 전체를 통하여 하나님 아버지가 하나님인 것과 똑같이 그 아들도 하나님이시라는 사실을 강조한다.

3. 그 아들은 하나님의 영광을 밝게 드러내신다. 요한이 언급한 대로, 만일 아무도 하나님을 본 적이 없다면 (요 1:18), 아무도 하나님의 영광을 본 적이 없다. 그런 이유 때문에 예수님은 세상에 비추는 참 빛으로 오셨고 (요 1:9), 요한도 이렇게 말한다, "우리가 그의 영광을 보니" 곧 독생자만이 갖는 그런 영광을 본다 (요 1:14). 예수님 안에서 제자들은 하나님의 빛나는 영광이 비추는 것을 보았다. 하나님에게는 세상이 없었던 적은 있어도, 영광이 없었던 적은 없었다.

4. 그 아들은 하나님의 성품을 그대로 드러내신다. 신약성경 가운데 이곳에서만 나오는 헬라어, 형상은 "특징" 내지 "인상"을 뜻하는 인격이다. 그 아들은 하나님의 인격이다. 마치 완전한 복사기로 원본을 복사한 것처럼 말이다. 아들을 보고 들은 자는 하나님을 보고 들은 자이다 (요 14:9와 골 1:15 참조). 그 아들 안에는 하나님

으로 하여금 하나님 되게 하는 모든 특성이 존재한다.

5. 그 아들은 우주를 붙드신다. 그분은 창조주일 뿐 아니라, 우주의 통치자이시다. 그분은 우주를 당신이 끌고 가고 싶은 대로 인도하고, 지시하며, 또 안내하신다. 그분의 손아귀에는 온 우주가 들어 있다! 그런데 저자에 의하면, 그분은 우주를 능력 있는 말씀으로 통치하신다. 태초에 하나님이 말씀으로 세상을 창조하셨다. 이제는 그 아들의 말씀으로 그 세상을 통치하신다. 이런 개념은 두말 할 필요도 없이 그 아들이 바로 하나님이라는 사실을 암시한다.

6. 그 아들은 죄를 구속하시는 분이다. 그 아들에 관한 긴 문장은 줄곧 절정을 향해 올라가고 있다. 그 아들의 됨됨이와 행함은 중요한데, 그 까닭은 그 아들이 죄에 대하여 성취한 것을 히브리서에서 강조하기를 원하기 때문이다. 그분은 "죄를 정결케" 하셨다. 그 아들은 창조주요, 상속자요, 지탱자이면서 하늘에 머물 수도 있다. 그러나 그분은 죄를 적절히 다루시기 위하여 세상으로 와서 인간이 되실 수밖에 없었다. 그리고 그분은 바로 그렇게 행하셨다. 그리스도가 자신을 주신다는 것은 히브리서에서 특별한 주제이며, 바로 여기에서 우리는 히브리서의 중요성에 대한 실마리를 갖는다.

7. 그 아들은 아버지의 오른 편에 앉으셨다. 그 표현은 승리와 완성을 함축한다. 우리의 죄를 깨끗케 하신 후 그분은 하나님 우편에 왕처럼 자리를 잡으셨다. 앉았다는 것은 그 자체가 더 이상 할 일이 없다는 사실을 암시한다 (10:11-12 참조). "우편"은 두말 할 필요도 없이 영예와 공경의 자리이다. 비록 그분이 세상에서는 낮

아지셨으나 (12:2-3), 하늘에서는 보좌에 앉으셨다.

그 아들의 특징을 이처럼 일곱 가지로 열거한 후에야 저자는 이 장엄한 문장을 끝낸다. 저자는 그 아들이 "천사보다 얼마큼 뛰어남은 저희보다 더욱 아름다운 이름을 기업으로 얻으심이니"(4절)라고 언급한다. "이름"은 그리스도의 위엄과 지위를 가리킬 수도 있으나, 다음 절에 비추어 보아 틀림없이 "아들"을 가리킨다. 어떤 천사도 "아들"이라고 불린 적은 없었다. "뛰어나다"는 단어가 열쇠가 되는데, 우리는 히브리서 전체를 통하여 그 단어를 주시할 것이다.

그리스도는 천사들보다 뛰어나시다. 왜 이것에 대하여 말하는가? 이것 말고도 더 흥미 있는 주제는 없는가? 오늘날 많은 사람들은 그렇게 생각할지 모르는데, 그러나 최근에 천사들에 대하여 갈수록 많은 관심이 있는 것도 사실이다. 물론, 성경에 천사들이 나오는데, 그들은 하나님의 특별한 종으로 의미 있는 역할을 감당한다. 만일 천사들이 히브리서의 독자에게 중요했다면, 오늘의 우리에게도 중요하지 않겠는가? 선하든 악하든 보다 높고 보이지 않는 영적 세계가 있지 않겠는가? 그리스도인은 보이지 않는 것들을 믿으며 또 그들의 실존에 근거해서 삶을 영위한다.

천사들보다 위에 계신 그리스도가 저자의 주된 관심사이다. 십중팔구 히브리서의 독자들 가운데는 천사들을 경배하는 사람들도 있었을 것이다 (골 2:18 참조). 그들 가운데는 다시 유대교로 돌아가기를 원하면서 예수님을 천사 중 하나로는 시인하면서 하나님으로 간주하는 난제(難題)를 피하고 싶어했을 것이다. 아니면, 모세의 율법이 천사들을 통해 주어졌기 때문에 (행 7:53; 갈 3:19), 저자는 처음부터 그리스도가 천사들보다 우월할 뿐 아니라, 그분의 언약과 사역도 어떤 유대교의 것들보다 우월하다는 것을 확고히 하고 싶었는지도 모른다. 이유야 어떻든 천사들보다 뛰어난 그 아들이 1장과 2장 대부분의 주제이다.

천사들보다 뛰어난 아들 (1:5-14)

우리는 이미 히브리서의 틀이 일정한 구약성경 위에서 어떻게 이루어졌는지를 살펴본 바 있다. 그런 틀은 구약성경의 중요성을 보여줄 뿐 아니라, 얼마나 많은 구약성경의 역사와 약속들이 그리스도 안에서 궁극적 의미를 찾을 수 있는지도 보여 준다. 저자는 아들의 특성 일곱 가지를 서술한 후 구약성경에서 일곱 구절을 인용한다. 저자는 아들의 신성을 확정하였다. 그리고 이제는 그것을 증명한다. 저자는 "하셨으되"라는 간단한 표현으로 구약성경을 인용한다. 저자는 성경을 하나님의 음성으로 본 것이다.

한 가지를 첨가하지 않을 수 없다. 저자는 문맥(文脈)을 떠나서 구약성경을 인용함으로 본래의 의미와 전혀 다른 의미를 제시하지 않는다. 실제로는 그 반대이다. 예를 들면, 저자는 본래 다윗 왕에 적용되는 말씀을 인용한다. (그는 종종 시편 중에서도 왕에 관한 말씀을 인용하는데, 그 이유는 그 말씀들이 왕에 대한 것이기 때문이다.) 다윗 왕에 대하여 "왕이 정의를 사랑하고 악을 미워하시는도다"라고 시적으로 말할 수 있다면 (시 45:7), (다윗의 아들이신)

그 아들도 그런 단어들에 완전한 의미를 부여하신다고 문자적으로 그리고 사실적으로 말할 수 있다. 만일 하나님이 "옛적에 땅의 기초를 두셨사오며"라고 말할 수 있다면 (시 102:25), 그런 언어는 아들에게도 적용될 수 있는데, 왜냐하면 그분도 역시 하나님이시고 창조주이시기 때문이다. 저자의 방법은 어떤 구절을 본래의 문맥에서 억지로 짜내서 아무렇게나 적용하는 것이 아니다. 물론 모든 구약성경의 구절은 상황과 시간이 있다. 그러나 하나님의 영은 선지자들을 통하여 그런 구절에서 그리스도 안에서 보다 완전하게 성취될 것을 보여 주셨다.

그 아들이 천사들보다 말할 수 없이 뛰어나다고 말한 후 (1:4), 저자는 그것을 성경에서 증명하고자 한다. 그는 구약성경에서 일곱 구절을 인용하는데, 그것들은 저자에게 한 치의 오차도 없는 진리이다. 1장의 남은 부분은 그 인용문들과 설명으로 채워진다. 인용된 일곱 구절은 한편 아들의 절대 신성을 제시하며, 또 한편 천사들과 아들이 서로 다른 범주(範疇)에 속하며, 그 아들이 모든 천사보다 훨씬 뛰어나다는 것을 보여 주기 위하여 사용된다. 이제 그 인용문을 살펴보면서 어떻게 그것들이 아들에 대한 저자의 논쟁을 뒷받침하는지 알아보자.

1. 그분은 아버지의 아들이다 (1:5). 첫 번째 인용문은 시편 2편 7절인데, 그 구절은 왕에 관한 말씀으로 의미심장한 구절이다. 언제 하나님은 가브리엘이나 미가엘을 불러서 "네가 내 아들이라"고 말씀하신 적이 있는가? 천사들은 그룹으로 "하나님의 아들"이라

고 불린 적은 있다 (욥 1:6; 2:1). 시편 2편이 기록된 최초의 정황은 다윗이 왕이 될 때일 수 있으나, 저자는 그 의미가 보다 분명히 드러나는 것은 메시야를 통해서라는 사실을 인정한다 (행 13:33 참조).

두 번째 인용문은 사무엘하 7장 14절이다. 언제 하나님은 어떤 천사에게, "나는 그에게 아버지가 되고, 그는 내게 아들이 되리라"고 말씀하신 적이 있었는가? 본래 그 말씀은 다윗의 아들 솔로몬에게 주어졌다. 그러나 저자는 그 말씀이 솔로몬을 통해서 그 의미가 완전히 드러날 수 없다는 것을 안다. 다윗에게는 솔로몬보다 더 위대한 아들이 있었으며 (마 12:42 참조), 그 아들이 하나님 아버지와 연결됨으로 이상적인 부자지간의 관계를 이루었다. 물론, 어떤 천사도 하나님 아버지와 그런 관계를 가진 적이 없었다.

2. 그분은 맏아들로서 경배를 받기에 마땅한 분이다 (1:6-7). 세 번째 인용문은 그리스도를 "맏아들"이라고 소개하는데, 그 칭호는 왕에 대하여 기록한 다른 시편에서 유래된다 (시 89:19-29, 특히 27절을 보라). "맏아들"은 첫 번째로 태어난 아들을 가리키지 않는다. "맏아들"이라고 불린 다윗은 첫째 아들이 아니었다 (삼상 16:6-13을 보라). 그 용어는 뛰어난 지위를 가리키며 다른 곳에서 예수님에 대해서도 그렇게 사용된다 (롬 8:29; 골 1:15; 계 1:5).

그 다음 인용문, "하나님의 모든 천사가 저에게 경배할지어다"는 70인역에서 온 것이다 (신 32:43; 시 97:7). 70인역은 구약성경을 헬라어로 번역한 것이며, 히브리서 저자는 자연스럽게 그것을 사용한다. 저자는 예수님의 탄생이나, 아니면 승천하여 천사들에게 소개되는 장면을 염두에 두고 있는지도 모른다. 저자의 의도는 하나님이 모든 천사들에게 그 아들을 경배하라고 명령하신다는 데 있다. 이것은 그 아들이 하나님이라는 간접적인 표현이다. 왜냐하면 하나님만이 경배를 받으셔야 하기 때문이다.

네 번째 인용문은 천사들과 아들 사이의 차이를 부각(浮刻)시킨다. 천사들은 종들로서, "바람"과 같고 "불꽃"과 같다. 그들은 하나님이 지시하시면 반응한다. 그들은 명령하지 않고 순종한다. 그 인용문도 역시 70인역에서 온 것이다 (시 104:4).

3. 그분은 보좌에 앉으신 하나님이요 동시에 기름부음을 받으신 분이다 (1:8-9). 다섯 번째 인용문도 왕에 관한 시편에서 유래하는데 (시 45), 왕의 결혼식에서 사용된다. 앞부분에서는 다윗의 왕권과 통치의 특성을 묘사한다. 히브리서 저자는 그런 언어의 궁극적 성취는 메시야--"의를 사랑하며" 그 나라가 "영원한"--기름부음을 받은 자라는 것을 본다. 그 인용문에서 아들이 "하나님"으로 불린 사실과 아버지가 "하나님"이라고 언급된 사실을 주목하라.

4. 그분은 영원한 창조주이다 (1:10-12). 시편 102편 25-27절을 인용한 여섯 번째 인용문은 하나님을 창조주로 묘사한다. 주님이신 그분은 "태초에 땅의 기초를 두셨다." 창조를 이처럼 아름답게 그렸다. 그러나 그 표현은 동시에 아들에게도 적용되는데, 아들도 창조주이기 때문이다 (1:2 참조). 어느 날 그분은 하늘을 말아서 낡은 옷처럼 던져버리실 것이다. 모든 것이 풀어질 터인데, 오직

"예수 그리스도는 어제나 오늘이나 영원토록 동일하시다" (13:8).

그분은 왕이시다 (1:13-14). 일곱 번째 인용문도 역시 왕에 관한 시편에서 유래되는데 (시 110), 그 인용문과 더불어 1장의 논쟁을 마친다. 어떤 천사에게도 이런 말씀이 주어진 적이 없었다, "내가 네 원수로 네 발등상 되게 하기까지 너는 내 우편에 앉으라." 어떤 천사도 하나님의 면전(面前)에 앉지 못하며, 더군다나 하나님의 우편에는 불가능하다. 그러나 아들은 모든 원수가 그분의 발 아래 놓일 때까지 왕처럼 앉아 계신다. 천사들은 섬길 뿐이다. 천사들은 보냄을 받은 종들이다. 왜? 그들은 "구원 얻을 후사들을 위하여" 섬길 것이다. 다시 말해서, 천사들은 구원받은 사람들을 위하여 섬긴다 (1:14를 보라). 그들의 사역은 인류의 구원에 집중된다.

큰 구원 (2:1-4)

히브리서 1장의 영어 성경의 마지막 단어는 "구원"이며, 그 단어는 2장을 여는 안내 역할을 담당하는 개념이기도 하다. 2장 1-4절은 삽입 구절과 같은데, 저자는 전진을 잠시 중단하고 그 구절에서 독자들을 권면한다. 이런 모습이 히브리서 저자의 특색이라는 사실을 기억하라.

그 아들의 신성과 천사들보다 훨씬 뛰어난 사실을 공고히 한 후, 저자는 이렇게 간청한다, "우리는 지금까지 들은 것들에 보다 더 세심하게 귀를 기울여야 한다 (새국제역본: NIV)." 우리는 무엇을 들었는가?

간단히 말해서, 지금까지 인간에게 전해진 가장 숭고한 메시지인 복음, 곧 예수 그리스도를 중심으로 이루어진 구원이라는 복음을 들었다. 그리고 우리는 그 메시지에 아주 조심스럽게 귀를 기울이지 않으면 안 된다. 구체적으로 말해서, 우리는 교회에 가서 하나님의 말씀을 듣기 위하여 정신을 똑바로 차리고 차렷 자세로 앉아 있어야 한다. 그렇지 않다면, 우리는 "흘러 떠내려 갈 수" 있다. 그렇게 떠내려가지 않는 방법은 하나님의 말씀에 귀를 기울이는 것이다.

히브리서 저자는 다시 한 번 "천사들"을 언급하는데, 이번에는 그들이 전한 메시지와 연관시킨다. 모세의 율법은 천사들을 통하여 전달되었는데 (행 7:53; 갈 3:19 참조), 그 법을 어기면 아무도 심판을 피할 수 없었다. 율법은 그 법을 깨뜨린 모든 사람에게 형벌을 가했다. 만일 천사들의 말도 어길 수 없었다면, 그 아들을 무시한 결과는 어떻겠는가?

저자의 논법은 피할 수 없으며, 특히 그리스도인 독자들에게는 인상적이다. 저자는 본래의 단어를 강조하면서 이렇게 묻는다, "우리가 이같이 큰 *구원*을 등한히 여기면 어찌 피하리요?" "우리"와 "구원"은 두드러진 단어들이다. 우리 그리스도인들은 유리한 위치를 차지하고 있으며, 또 그만큼 결과를 책임져야만 한다. 우리의 신분도 이렇게 선포되는데, 그 이유는 우리에게 "이렇게 큰 구원"이 있기 때문이다.

히브리서 저자는 이제부터 이 구원을 묘사한다. 그 구원이 큰 이

유가 있는데, 다음과 같은 세 가지 확신 때문이다. (1) "이 구원은 처음에 주로 말씀하신 바요." 먼저 천사들이 메시지를 전했고, 그 후 주님이 직접 전하셨다. (2) 그 구원은 "들은 자들이 우리에게 확증한 바다." 비록 독자들이나 저자가 그리스도를 직접 듣거나 목격하지는 못했어도, 사도들과 같은 사람들이 그분의 말씀을 직접 들었기에 그분의 가르침은 확실했다. (3) "하나님도 표적들과 기사들과 여러 가지 능력과 및 자기 뜻을 따라 성령의 나눠 주신 것으로써 저희와 함께 증거하셨느니라." 하나님은 여러 가지 초자연적인 역사들을 통하여 사도들의 증거를 충분히 확인시켜 주셨다.

이처럼 저자는 그의 간절한 권면을 마친다. 히브리서를 처음 읽은 독자들은 확실히 구원이라는 좋은 소식을 들었다. 그들은 들어본 적이 없다고 핑계를 댈 수 없었다. 물론 우리도 쉽게 용서되지 않을 것이다. 모세 시대에 의로운 심판을 받은 사람들은 최초의 독자들에게만 아니라 우리에게도 경고가 된다. 복음은 보다 큰 특권과 보다 큰 책임을 동반한다. 우리가 감히 하나님의 은혜를 악용할 수 있겠는가?

히브리서는 처음부터 독자들에게 선택할 것을 강요한다. 첫째, 그들은 예수님에 대하여 결단해야 한다. 그분은 과연 하나님의 아들이 아니신가? 저자는 그분을 하나님으로 그리고 모든 천사들보다 고상한 분으로 소개하였다. 그러나 독자들 자신이 예수님에 관한 근본적인 질문에 답해야 한다. 둘째, 그들은 예수님의 메시지에 대하여 결단해야 한다. 그들은 그분의 구원의 말씀에서 흘러 떠내려 갈 것인가, 아니면 그들의 삶을 그분에게 맡길 것인가?

히브리서 저자는 독자들에게 그리고 우리에게 그 아들을 통한 하나님의 최후 통첩을 받아들이라고 호소한다. 하나님이라도 무엇을 더 말씀하실 수 있겠는가? 하나님은 당신의 "사랑하는 아들"을 보내셨다 (막 12:1-9 참조). 하나님이라도 무엇을 더 하실 수 있겠는가? 심판 이외에 다른 어떤 것도 있을 수 없다. "우리가 이같이 큰 구원을 등한히 여기면 어찌 피하리요?" 그리고 "이같이 큰 구원"이 우리 주 예수님을 통하여 제시되고 있다.

아름다운 구세주! 하나님의 아들

질 문

1. 왜 히브리서의 첫 문장이 그렇게 중요한가? 그 문장은 히브리서의 주제를 어떻게 제시하는가?

2. 그리스도를 하나님의 아들로 묘사한 일곱 가지 내용을 열거하라. 그 가운데 특히 어떤 것이 히브리서 전체에 전개되는가?

3. 1장과 2장 대부분은 그리스도와 천사들에 대하여 논한다. 왜 이것이 독자들에게 중요한가? 이것은 오늘의 우리에게도 중요한가?

4. 시편 110편을 읽어라. 이 시편이 1장에서 어떻게 사용되는가?

또 히브리서의 다른 부분에서는 어떻게 사용되는가? (독자는 성
구 사전을 사용할 수도 있다.)

5. 시편 45편과 102편을 읽어라. 이 시편의 본래 정황은 무엇인가?
이 시편은 어떻게 그리스도 안에서 완전히 성취되는가?

6. 히브리서 2:1-4는 독자들에게 직접적으로 주어진 최초의 권면이
다. 이 권면의 요지는 무엇인가? 그 권면에서 열쇠가 되는 단어는
무엇인가?

3

예수, 인간의 아들

히브리서 2:5-18

저가 범사에 형제들과 같이 되심이 마땅하도다.

히브리서 2:17

히브리서 1장은 하나님의 아들이신 예수님에 관한 장엄한 장이다. 히브리서 저자는 놀라운 방법으로 독자들에게 그가 원하는 주제 내지 제목을 선언한다. 1장 4절에서 저자는 처음 두 장의 주제를 언급하는데, 곧 **천사들보다 뛰어난 그리스도**이다. 1장에서 저자는 하나님의 아들이신 예수님을 천사들과 대조한다. 2장에서도 저자는 예수님을 천사들과 대조하는데, 이번에는 예수님을 인자로서 대조한다. 잠시 동안 예수님은 인간이 되셨는데, 그것을 다른 말로 하면 그분은 얼마 동안 천사들보다 낮아지셨다. 왜? 이 질문에 대한 대답이 바로 2장의 주된 제목이다.

지난 번 우리는 짧은 권면(2:1-4)과 더불어 연구를 마쳤다. 우리 모두는 권면을 필요로 하며, 우리가 히브리서를 읽어가는 동안 우리는 저자의 여러 가지 권면에 반응을 보일 준비를 해야 한다. 저자는 묻는다, "우리가 이같이 큰 구원을 등한히 여기면 어찌 피하리요?" "등한히 여긴다"는 2장 1절의 "삼갈지니라"와 대조되며, 동시에 저자가 후에 논의할 배교와 관련이 있다. 혹시 독자들 가운데 구원의 중요성을 이해하지 못하고 복음에 등을 돌린다면 얼마나 큰 비극이겠는가!

아들의 굴욕(屈辱)과 영광 (2:5-9)

저자는 5절의 말씀과 더불어 그리스도와 천사들에 대한 토론을 다시 시작한다. 2장 1-4절은 일종의 삽입절이기 때문에 사고의 흐름을 파악하기 위하여 우리는 1장 14절에서 2장 5절로 건너 뛰어야 한다. 천사들은 섬기는 역할을 하는데 (1:14), 이제 저자는 천사들에 대하여 덧붙이고 싶은 말이 있다: 하나님이 "오는 세상"을 복종시키는 것은 천사들에게가 아니다 (2:5). "오는 세상"(6:5의 "내세"를 참조하라)은 구약성경의 안목으로 이해되어야 하는데, 그 때에 사람들은 "오는 세대," 곧 "메시야의 날"을 기다리고 있었다. 하나님은 메시야의 세계를 천사들에게가 아니라 아들에게 굴복시키셨다.

그런 사실을 증명하려면 구약성경을 인용하는 것으로 충분할 것이다. 인용된 성경은 시편 8장 4-6절이다. 시편 8편은 창조의 시편으로, 창조자 하나님의 영광을 피조물인 인간의 영광과 대조한다. 시편 기자는 밤하늘을 보면서 하나님이 손가락으로 만드신 달과 별들을 보면서 인간의 작음을 이렇게 말한다. "사람이 무엇인가?"

그러나 시편 기자는 그 질문에 대한 해답이 이미 창세기에서 주어졌음을 발견한다 (창 1:26-30). 그 말씀에 따르면 인간에게는 양, 소, 새, 물고기 등 모든 피조물을 다스릴 권세가 부여되었다. 이처럼 다스린다는 의미에서 남자와 여자는 하나님의 형상으로 창조되었다. 시편 기자는 이런 사실을 놀랍게 기억하면서 인간의 영광스러운 입장을 확인한다. 인간은 과연 천사들보다 조금 못하게 지음을 받았다. (히브리어인 엘로힘은 "천사들"이나 "하나님"으로 번역될 수 있다.) 하나님은 창조의 때에 인간에게 "영광과 존귀"로 관을 씌우셨다.

창조의 때에 모든 것이 인간의 통치 아래에 놓여졌다. 처음부터 그렇게 되어 있었다. 그것이 바로 하나님의 원래 계획이었다. 그러나 무엇인가 뒤틀려졌다. 죄가 세상에 흉하게 들어왔다. 연약과 질병과 죽음이 사방에 보이기 시작했다. 인간은 언제나 쓸데 없는 전쟁을 하고 있는 것 같다. 본래 인간에게 주어졌던 영광이 별로 남은 것 같지는 않다. 현재 모든 것이 인간의 통치 아래에 있다고 말하기는 어렵다.

그러나 저자는 거기에서 중단하지 않고 이렇게 말한다. "우리가 영광과 존귀로 관 쓰신 예수를 보니" (9절). 이 말씀은 의미심장하며 또한 중요한 요절(要節)이 된다. 그 구절은 2장의 남은 부분을 놀랍게 안내하며 (2:10-18), 예수님 안에서 몇 가지가 사실임을 극적으로 확인한다.

1. 예수님은 시편 8편의 실현이며 동시에 진정한 성취이다. 이것은 물론 8절과 9절의 대조점이기도 하다. 우리는, 적어도 현재까지는, 모든 것이 인간의 통제 하에 있는 것을 보지 못한다. 그렇다면 무엇을 보는가? 우리는 모든 것을 현재 통치하시는, 아니면 곧 통치하실 예수님이 하나님 우편에 계신 것을 본다 (1:13). 그리고 예수님이 하나님 곁에 계시다면 확실히 "영광과 존귀로 관을 쓰셨음"에 틀림없다. 그렇다면 시편의 말씀은 그리스도 안에서 그 의미를 갖는다.

2. 저자는 이제 "예수님"이란 이름을 사용한다. 이전에는 "아들"과 "주님"으로 언급되었다. 그러나 이 구절에서 저자는 처음으로 인간의 이름인 "예수님"을 사용하는데, 이것은 인류를 위한 그분의 고난과 연루된다.

3. 세상에서 예수님의 위치는 처음의 인간처럼 "천사들보다 조금 못하게 되셨다." "조금"이라는 표현은 "잠시 동안"으로도 번역될 수 있는데, 그것이 바로 저자의 생각이었을 것이다. 그렇다, 아들이 인간으로 오실 수밖에 없었지만, 그래도 그런 세상의 굴욕은 잠시 동안에 불과했다. 이제 그분은 영광과 존귀로 관을 쓰셨다.

4. 예수님이 존귀로 관을 쓰셨는데, 그 *원인*은 죽음을 맛보셨기 때문이다. 여기에서 처음으로 저자는 예수님의 죽음을 언급하는데, 저자는 의도적으로 그 죽음을 "고난받으심"으로 묘사한다. 고난받는다는 생각은 히브리서에 많이 나온다. 히브리서의 처음 독자들은 이미 핍박을 받은 바 있었으며 (10:32-34), 앞으로도 많은 핍

박이 그들을 기다리고 있었다 (12:4-11). 독자들은 이렇게 물을 수 있다: 왜 하나님은 우리에게 핍박을 기대하라는 겁니까? 저자의 대답은 이렇다: 고난이 영광의 길이다. 예수님이 영광으로 관을 쓰신 것은 그분의 고난에도 불구하고가 아니라 고난 때문이었다. 그러므로 독자들이여, 용기를 가지라. 십자가는 실수가 아니었다. 아들은 고난을 감수하지 않으면 안 되었다. 그러므로 현재의 그리스도인들은 영광을 주시는 하나님이 고난도 허락하신다는 사실을 기억해야 할 것이다.

5. 예수님은 어떤 특정한 목적을 위하여 "천사들보다 조금 못하게" 되셨다. 하나님의 놀라운 은혜로 예수님은 모든 사람을 위하여 죽음을 맛보셨다. "죽음을 맛보다"는 특히 셈족의 표현으로 (막 9:1; 요 8:52 참조), 죽음의 아픔을 유쾌하지 아니한 것을 맛보는 것에 비유했다. 예수님은 죽음이 동반하는 모든 아픔을 경험하면서 십자가 위에서 죽으셨다.

인류의 구세주 (2:10-18)

이 부분을 다루면서 저자는 그리스도와 천사에 관한 논의를 마친다. 얼른 보기에는 그렇게 보이지 않으나, 16절을 읽으면 우리는 천사들이라는 주제로 다시 돌아온다. 그리스도는 천사들의 속성(屬性)을 갖지 않으셨다. 그들을 구원하기 위함이라면 그리스도는 세상으로 오실 필요가 없었을 것이다. 그러나 바로 그것이 저자의 논지(論旨)였다. 인류의 구세주가 되기 위하여 아들은 다른 모든 아들처럼 되셔서 그들처럼 고난을 받으셔야 했다.

우리가 10-18절을 한 문단으로 읽는다고 하자. 주된 개념은 무엇인가? 그 문단의 처음과 마지막에 현저하게 드러나는 단어를 보라. 그것은 "고난"이라는 단어이다. 아들이 고난을 받지 않으면 *안 되었다*. 저자는 실제로 핍박과 "죽음의 두려움"을 당하고 있는 1세기의 그리스도인들에게 편지를 기록하고 있다는 사실을 기억하라 (15절). 그들은 메시야가 왜 고난을 받으셔야만 하는지, 또 고난 가운데 시험을 받으셔야 하는지 이해할 필요가 있었다. 그렇지 않고서 어떻게 그분이 고난당하는 자들을 위하여 도움의 손길을 펼 수 있겠는가?

저자는 10절에서 고난의 개념이 "합당하다"고 분명히 언급한다. 그 말은 하나님의 지혜에서 아들이 고난당하는 것이 적절하다는 것이었다. 만물을 존재케 하시는 하나님이 인간을 영광스럽게 창조하셨다. 주님이 되시기로 한 인간이 종이 되었다. 그러나 너무나 아름다운 사실은 하나님은 여전히 "많은 아들을 이끌어 영광에 들어가게" 하기를 원하신다. "아들들"이란 물론 총칭(總稱)으로써 모든 하나님의 자녀를 가리킨다 (14절). 그들의 "구원"을 이루기 위하여 하나님의 계획에서 아들이 중심일 수밖에 없다. 다시, 저자는 아들과 그분의 업적을 높이 기린다. 이 장의 남은 부분은 아들에 관하여 다음과 같이 다섯 가지로 요약할 수 있다.

1. **고난의 주 (10절).** 이것은 매우 흥미 있는 표현으로 다른 곳에서도 예수님에게 사용된다 (행 3:15; 5:31; 히 12:2). 이 표현

은 여러 가지의 의미를 함축하는데, 여기에서는 다른 사람들이 따라 올 수 있도록 앞서가며 길을 여는 개척자를 의미하는 것 같다. 그러므로 이 단어는 군대의 장교("대위")에게도 사용된다. 헬라-로마 세계에서는 막강한 신에게 흔히 사용되었는데, 예를 들면, 인류의 적을 정복하기 위하여 세상으로 온 헤라클레스와 같은 신에게 사용되었다. 그러나 그리스도는 신화적으로가 아니라 실제의 역사에서 인간을 영광의 길로 인도하기 위하여 새로운 길을 열기 위해 오셨다.

이제 저자는 아들에 관하여 놀라운 것을 말한다. 그분은 고난을 통하여 "온전케 되셨다." 이것은 도대체 무슨 뜻인가? 하나님의 아들에게 부족한 면이 있었단 말인가? 도덕적으로 그분은 아무 것도 부족한 것이 없으며, 저자는 나중에 그것을 확인한다 (4:15; 7:26). 그렇다면 예수님을 온전케 하신다는 것은 무슨 뜻인가?

그 해답은 문맥에서 찾을 수밖에 없다. 바로 다음 절은 "거룩하게 하시는 자"라고 언급한다. 이것은 특별한 제사장의 언어인데, 저자는 실제로 예수님을 "하나님의 일에 대제사장이 되셨다"고 언급한다 (17절). 구약성경의 헬라어 번역본인 70인역은 "거룩하게 하다"를 제사장의 직분을 감당하도록 "바친다," "임명한다"의 의미로 종종 사용한다 (출 29:9, 29, 33, 35; 레 21:10). 그러므로 10절의 온전의 의미는 다음과 같다: 인간을 본래 창조의 목적으로 인도하시려고 하나님은 예수님을 고난이라는 방법을 통하여 제사장으로 "온전하게 자격을 갖추기로" 작정하셨다 (5:9; 7:28 참조). 고난을 받지 않으신다면 예수님은 제사장의 증명서를 갖추지 못하게 되는 셈이었다.

2. 거룩하게 하시는 자 (11절). "거룩하게 하다"는 제사장의 용어이다. 그 용어는 단순히 "성별하다"의 의미가 아니다. 그것은 "특히 하나님에게 속하게 하기 위하여 성별시키는 것을 의미한다. 시제적으로 말하면, 그 용어는 "거룩하게 만들다"의 의미이다. 하나님 앞으로 나아가려면 반드시 거룩해야 한다 (민 16:5를 보라). 11절에서 거룩하게 하는 분은 그리스도이시고, 거룩하게 됨을 받은 사람들은 그리스도인들이다. 그러므로 그리스도는 그분의 희생을 통하여 우리의 모든 더러움에서 우리를 깨끗하게 하셨다. 이제부터 히브리서에서 그리스도가 우리를 거룩하게 하신다는 말씀을 읽을 적마다 그분의 몸이나 피를 희생시킨 사실과 같이 간다는 것을 기억하자 (9:13-14; 10:10, 14, 29; 13:12).

3. 형제 (11-13절). 저자는 그 생각을 마치면서 거룩하게 하시는 자와 거룩하게 됨을 입은 자들이 "모두 하나에서 난" 것이라고 한다. "근원이 같다" (표준개역본: RSV), "같은 가족이다" (NIV), "한 아버지를 모신다" (새표준개역본: NRSV) 등으로 번역되며, 그것들은 모두 저자의 의도를 분명하게 해 준다. 10절은 하나님을 가리킴으로 "하나에서 난지라"는 어쩌면 하나님 아버지를 가리키고 있는지도 모른다. 이러한 이유 때문에 그리스도는 우리를 "형제" (총칭)라 부르기를 부끄러워하지 않으셨다 (11:6 참조). 하나님의 아들이 우리를 부끄러워하지 않으신다고? 그것은 사실이다. 비록

우리가 스스로를 부끄러워한 적이 그렇게 많았는데도 말이다! 그러나 이것은 정확한 저자의 생각이 아니다. 그보다 저자는 예수님을 육신을 입으신 인자로, 그 결과 자신을 인간과 같은 정체성을 갖기를 부끄러워하지 않으면서 말이다.

구약성경의 세 구절을 인용함으로 예수님이 우리를 형제라 부르기를 기뻐하신다는 것을 보여 준다. 이 인용문에서는 모두 예수님이 말씀하시는데, 그것은 저자와 독자가 공히 이 말씀들을 메시야에 관한 것으로 이해하고 있다는 것을 보여 준다. 첫 번째의 인용문은 시편 22편이다. 이 시편의 첫 문장은 십자가에 달리신 예수님에게 적용된다, "나의 하나님, 나의 하나님, 어찌하여 나를 버리셨나이까?" (마 27:46; 막 15:34) 그러나 이 시편의 쓸쓸한 어조는 기쁨에 찬 감사로 바뀐다, "내가 주의 이름을 형제에게 선포하고 회중에서 주를 찬송하리이다" (시 22:22). 예수님도 "형제들"과 합세하여 "회중"에서 하나님을 찬양하신다.

두 번째와 세 번째의 인용문은 이사야서 8장 17절과 18절이다. 예수님도 같은 말씀을 하셨을 것이다: "나는…그를 바라보리라," "나와 및 여호와께서 내게 주신 자녀들이노라." 원래, 이사야 선지자는 하나님에게 대한 그의 믿음을 확인하였고, 또 그 자신의 자녀들을 하나님이 이스라엘에게 주신 "증거"로 보았다. 그러나 히브리서 저자는 이런 말씀들이 메시야를 통하여 완전한 의미를 드러내는 것으로 본다. "나는 비록 메시야이지만 그분을 신뢰합니다"--다른 모든 사람들이 그렇게 해야만 하는 것처럼 말이다. 그리고 "하나님

이 나에게 주신 자녀들을 보라"--그렇게 함으로 자신을 모든 인류
와 연결시킨다.

4. 해방자 (14-16절). 앞의 절에서 "자녀"라는 단어를 사용함으
로 (13절) 저자는 성육신의 실제를 선언한다. "자녀"는 혈과 육이
므로 예수님도 역시 같은 인간의 성품에 참여하셨다. 예수님이 인
간이 되신 것은 마귀의 세력을 멸하기 위함이었다 (요일 3:8 참
조). 성경의 저자들에 따르면, 우리는 마귀가 실존하며 여기에서는
"사망의 세력을 잡은 자"로 묘사되고 있다는 것을 주의해야 한다.
다른 말로 하면, 마귀는 사망의 세력을 잡았었다. 그러나 예수님이
그 세력을 "멸하려고," 곧 그 세력을 무력화하여 무기력하게 만들려
고 오셨다. 이런 의미에서, 그분은 영단번(永單番)에 "사망을 폐하
셨다" (딤후 1:10).

그러므로 예수님은 "죽음과 하데스의 열쇠"를 가진 분이시다. "나
는 죽었으나," 예수님은 말씀하신다, "볼지어다, 이제 세세토록 살
아 있노라" (계 1:18). 그분은 자신을 인간과 너무나 완전하게 일
치시키셨기 때문에 죽음을 맛보셨다. 하나님의 아들인 예수님은 십
자가에서 내려오실 수 있었으나, 인간의 아들인 그분은 십자가에
달리셔야만 하셨다. 저자에 따르면, 성육신의 목적은 "죽음을 통하
여" 사단을 물리치고 또 일생 동안 "죽기를 두려워하여" 종 노릇 하
는 모든 사람들을 "놓아 주시기" 위해서였다.

이 말씀의 그림은 정복자요 해방자인 예수님에 대한 그림이다.
옛날에는 국가 간에 전쟁이 있으면 그들을 대표해서 전사(戰士)들

을 임명하는 것이 상례(常例)였다. 구약에서 백성의 전사는 여호와 하나님이시며, 그분은 "용사 같이 나가시며 전사 같이 분발하여 그 대적을 크게 치시리로다" (사 42:13; 사 49:24-26 참조). 마찬 가지로, 신약에서 "하나님의 손가락으로" 귀신들을 쫓아내며 강한 자의 집에 들어가서 확실히 마귀를 패배시키는 분은 예수님이시다 (눅 11:20-22). 그러므로 히브리서에도 역시 백성의 전사는 예수님이시다. 인간은 남녀노소를 막론하고 어두컴컴한 감옥에 있는 죄수처럼 죽음을 두려워하면서 살았다. 그러나 예수님이 승전한 장군처럼 나타나서 (10절을 보라), 적군을 무찌르고, 감옥 문을 활짝 열고 죄수들을 해방시키셨다.

히브리서 저자는 항상 그리스도와 천사들이 다르다는 사실을 염두에 두고 있었다. 16절에서 다시 천사들이 언급되는데, 그것은 강조를 위함이다. 그리스도가 도움을 주고자 오신 것은 *천사*들이 아니었다. 그분은 "아브라함의 자손들"을 구원하기 위하여 오셨다. 이것을 문자적으로 받아들인다면, 유대인인 예수님은 유대인들을 돕기 위하여 오셨다. 그러나 다음 구절(17절)에서 저자는 예수님이 형제들과 같이 되지 않으면 안 되었다고 말한다. 문맥상으로 볼 때, 이것은 유대 민족과 같이 되셨다는 뜻이 아니라, 그들과 같이 "육과 혈"을 가진 "자녀들"처럼 되셨다는 뜻이다 (14절). 뿐만 아니라, 예수님은 아브라함의 진정한 자손은 아브라함처럼 행하는 자들이라고 가르치면서 (요 8:39), 결국 아브라함의 믿음의 자녀들을 가리키셨다 (갈 3:7, 9, 29).

5. **대제사장 (17-18절).** 우리는 예수님이 "온전케 되시기" 위하여 고난을 받으셔야 한다는 사실을 살펴본 바 있으며 (10절), 이것은 예수님이 우리의 제사장이 되시기에 완전한 자격을 갖추신 분이라는 사실도 살펴본 바 있다. 그러나 그 때까지는 예수님이 대제사장이라고 불리지는 않는다. 저자는 놀라운 방법으로 여기저기에서 그분이 제사장이라는 힌트를 준다. 그런데 이제 저자는 그 주제를 표면화시키면서 처음으로 예수님이 **우리의 자비하고 충성된 대제사장**이 되셨다고 담대하게 언급한다. 이것은 매우 중요한 제목이다. 히브리서만이 "대제사장"이라는 칭호를 예수님에게 붙이며, 히브리서에서만 이 제목이 상세히 다루어진다. 사실상, 대제사장이 히브리서의 중간 부분에서 집중적으로 다루어지는 제목이다.

만일 인간을 대표해서 하나님에게 나아가는 것이 제사장의 임무라면 (5:1 참조), 이 임무를 수행하기 위하여 그리스도는 그가 대표하는 인간이 되시지 않으면 안 되었다. 히브리서 저자가 예수님이 제사장의 역할을 하나님 앞에서 하시고 있다고 말할 때, 그는 대속죄일을 생각하고 있었다. 저자는 이에 대한 설명을 9-10장으로 미루는데, 그 곳에서 그는 예수님을 "백성의 죄를 구속하기 위한" 대제사장으로 아름답게 묘사한다.

본 장은 예수님의 고난을 한 번 더 언급하면서 마친다. 이 부분에서 "고난"이 핵심 단어라는 것을 염두에 두라. 그리고 이 부분을 "예수님, 인간의 아들"이라고 부를 수 있다면, 그것은 그분이 고난을 받으셔야했기 때문이다. "그분이 시험을 받을 때 몸소 고난을 받으셨기 때문에"(NIV)는 요점을 상실했다. 사실은 정반대이다. 그분이 고난을 받으셨을 때 시험을 받으셨다. 아니면 "그분이 고난 받으신 것으로 시험을 받으셨다"이다 (NRSV).

예수님이 갖가지의 시험을 받으신 것도 사실이지만, 저자가 여기에서 말하고 있는 것은 "죽음의 고난"이다 (9절). 죽음과 그 죽음의 전후에서 예수님은 특히 시험을 받으셨다 (5:7-10). 이런 이유 때문에 그분은 "시험받는 자들을 능히 도우시느니라" (18절). 이 말씀은 먼저 고난을 받으면서 심하게 시험을 당하던 최초의 독자들과 그리고 우리 모두에게 얼마나 큰 확신과 위로가 되겠는가! 그분이 당한 고난은 겟세마네의 고뇌였으며 동시에 타락한 그 세대의 잔인한 행위들이었다. 그리고 그분이 당하신 시험은 뒷문으로 나가면서 십자가를 피하고 싶은 것이었다. 그러나 예수님은 견디어 내셨다. 그런 이유로 그분은 우리를 도우실 수 있다. 천사들이 우리를 섬기지만 (14절), 시험이 올 때 우리를 붙잡고 이기게 할 수 없다.

그러므로 2장은 격려의 말씀으로 끝을 맺는다. 이것이야말로 저자가 "권면의 말"이라고 쓴 실제적인 목표임을 기억하라 (13:22). 1-2장은 이것을 잘 반영한다. 이 두 장의 주제는 **천사들보다 뛰어난 그리스도**이다 (1:4). 그러나 저자는 이 주제를 열정 없이 다루지 않을 뿐 아니라, 그 주제가 독자들과 전혀 동떨어진 것도 아니다. 만일 예수님이 진정으로 하나님의 아들이 아니시라면, 저자는 그분을 하나님을 계시하는 분으로 생각할 수 없다. 만일 그분이 진정으로 인간의 아들이 아니라면, 그분이 어떻게 인류의 구세주가 되실 수 있단 말인가?

제 1-2장의 주제를 1장 4절이 암시하는 것처럼, 3-5장의 주제는 2장 17절에서 명시된다: **그리스도, 자비하고 충성된 대제사장**. 저자가 이 주제를 어떻게 전개시킬지 살펴보는 것은 흥미롭지 않을 수 없다. 그런데, 저자는 그런 주제의 논의를 위하여 이미 기초를 놓았다고 할 수 있다. 예수님은 고난이라는 부르심에 조금도 흔들리지 않고 순종함으로 하나님에게 **충성**하였다는 것을 증명하셨다. 예수님은 평범한 인간이 되심으로 **자비**한 분임을 증명하셨다.

저자는 참으로 중대한 질문을 몇 가지 던진 바 있었다. 아들은 누구신가? 천사들보다 훨씬 뛰어난 분이시다. 왜 그분이 천사들로가 아니라 영광과 존귀로 관을 쓰셨는가? 왜냐하면 그분이 죽음을 당하셨기 때문이다. 그러나 왜 그분은 죽으셔야만 했는가? 우리의 대제사장으로서 자격을 확실히 갖추시기 위해서. 왜 그분은 인간적인 형제들과 같이 되지 않으면 안 되셨는가? 왜냐하면 그가 천사들이 아닌 형제들을 구원하고 또 그들의 제사장이 되시기 위하여 오셨기 때문이다.

그러므로 예수님은 굴욕을 감수하셨다. 그분은 천사들보다 더 낮아져서 인간이 되셨다. 하나님을 찬양하라!

아름다운 구세주! 하나님의 아들이요 인간의 아들.
영광과 존귀가 이제로부터 영원히 당신에게!

질 문

1. 시편 8편을 읽어라. 히브리서 저자는 이 시편을 어떻게 사용하는가?

2. 히브리서 2:9은 중요한 구절이다. 그것을 구절마다 설명할 수 있겠는가?

3. 히브리서 2:9-10과 18절은 "고난"이란 단어를 사용한다. 왜 이것이 독자에게 중요한가? 어떻게 그리스도는 "고난을 통하여 완전하게" 되셨는가 (10절)?

4. "거룩하게 하시는 자"이신 예수님을 논의하라. 왜 이것이 중요한 개념인가?

5. "형제"이신 예수님을 논의하라. 왜 예수님이 그 형제들과 같이 되시는 것이 필요했나?

6. 히브리서 2:17은 또 하나의 요절이다. 어떻게 이 절의 마지막 부분이 앞으로 나올 몇 장을 기대하게 하는가?

4

예수, 충성된 대제사장

히브리서 3:1-4:13

저가...충성된 대제사장이 되어.

히브리서 2:17

기억하기 쉽게 하기 위하여 히브리서의 첫 두 장의 제목을 다음과 같이 잡을 수 있을 것이다:

제 1장: 그리스도, 천사들보다 높다
제 2장: 그리스도, 천사들보다 낮다

다음과 같이 다른 제목을 택할 수도 있을 것이다:

제 1장: 예수, 하나님의 아들
제 2장: 예수, 인간의 아들

예수님은 천사들보다 훨씬 높은 위치에 있었으나, 잠시 동안 천사들보다 낮아지셨다. 하나님 되심을 중단하지 않으면서도 예수님은 인간이 되셨다. 인간인 예수님은 육체의 좌절과 한계를 경험하셨다. 인간인 예수님은 하나님을 신뢰하셨다. 인간인 예수님은 시험을 당하셨는데, 특히 고난과 죽음이라는 가혹한 시험을 당하셨다.

히브리서는 특히 예수님의 참 인간 되심을 강조한다. 이에 대한 무슨 분명한 이유라도 있는가? 저자는 반복적으로 그리스도를 가리킬 때 인간의 이름인 "예수"를 사용한다. 그 이유는 무엇인가? 물론, 인간의 이름은 인간 예수를 가리키며, 따라서 인간 예수는 우리와 동일하시다. 그러나 그것만은 아니다. 예수 그리스도는 우리의 대제사장이시다--이것은 히브리서만이 지닌 반복적인 증언이요 독특한 공헌이다. 처음으로 이런 사실이 2장 17절에서 분명히 언급된다: 예수님이 그의 "형제들"과 같이 되셨다는 것은 그분이 **자비하며 충성스러운 대제사장**이 되려 하심이었다 (2:17).

위의 세 단어를 굵은 글자로 기록한 것은 그것이 앞으로 세 장의 주제이기 때문이다. 저자가 계획한 대로 확실하게 제목들을 선포하는 것을 독자는 기억할 것이다. 1장 4절에서 저자는 그리스도가 천사들보다 뛰어나시다고 선언하며, 동시에 그 주제를 2장까지 발전시킨다. 2장 17절에서 저자는 그리스도가 자비롭고 충성스러운 대제사장이라고 언급한 후, 그 주제를 5장 10절까지 발전시킨다. 저자는 순서를 바꾸어 주제를 다루면서, 먼저 그리스도가 충성스러운 대제사장임을 보여 주고 (3:1-4:13), 그 후 그리스도를 자비로운 대제사장으로 소개한다 (4:14-5:10). 다른 말로 표현하면, 히브리서의 저자는 예수님이 제사장이시라는 *사실*을 먼저 다룬 후, 그분의 제사장직을 위대하게 만드는 내적 *자질*을 다룬다.

예수님과 모세 (3:1-6)

　제 3장에서 저자는 다시 독자들에게 말한다. "그러므로 함께 하늘의 부르심을 입은 거룩한 형제들아...예수를...생각하라. 저가...충성하시기를..." (1-2절). 이 말씀의 흐름은 단순히 "예수를 생각하라"가 아니라 "충성하시는 예수를 생각하라"이다. 3장 2절의 "충성하시기"가 2장 17절의 "충성된"과 분명히 연결된 사실을 주목하라. 그리고 "충성스럽다"는 단어가 다음과 같이 반복적으로 사용되는 것을 주목하라: "충성하다" (3:2, 5), "믿음" (4:2), "믿는" (4:3), "믿지 않는" (3:12, 19), "순종치 않는" (또는 "믿지 않는" 3:18), "순종치 아니함" (또는 "불신," 4:6, 11). 저자는 예수님이 하나님에게 "충성하신" 것처럼 독자들도 똑같이 충성할 것을 확실하게 촉구하기를 원하였다.

　저자가 사용하는 용어들은 독자들에게 그들의 지위를 알려준다. 그들은 "거룩한 형제들"인데, 거룩하게 하시는 그리스도에 의하여 "거룩하게" 되었으며, 또한 그분이 사람들과 같이 되면서 "형제들"이 되었다. 그들은 그리스도 안에서 그리고 성령 안에서 (6:4) "참예하는" 것처럼 (3:14), "하늘의 부르심"에 참예한다. 그들이 받은 부르심--하늘로의 부르심--은 하나님으로부터 오는데, 하나님의 백성을 위한 하늘의 안식은 앞으로 더 살펴보기로 하자 (히 4). 두 말 할 필요도 없이, 여기에 사용된 언어는 구원받지 못한 사람들에게 기록된 것이 아니라 그리스도인들에게 기록된 구원의 언어이다. "사도시며 대제사장"으로 묘사된 예수님은 서문과 같다. 그 용어들은 앞으로 나올 것을 두 가지로 대조하는데, 그리스도와 모세, 그리고 그리스도와 아론이다. "사도"라는 단어는 "보냄을 받은 자"만을 의미하지 않고 더 나아가서 "사명을 감당하기 위하여 완전한 권세와 함께 보냄을 받은 자"를 가리킨다. 이것은 무엇보다 먼저 그리스도에게 그리고 그 후에는 그분의 선택자들에게 적용된다. 예수님이 "대제사장"이신 근본적인 이유는 그분이 사람들의 죄를 위한 구속이 되시기 때문이다 (2:17 참조). 유대의 대제사장은 속죄일에 제물을 드렸으며, 예수님과 관련된 그 의미는 절정의 9장에서 설명될 것이다. "사도"인 예수님은 인간에게 하나님을 대표하시며 (1:2 참조), "대제사장"인 예수님은 하나님에게 인간을 대표하신다. 그리고 예수님은 "우리의 믿는 도리"에 대한 대제사장이시다. "우리"는 강조하기 위한 표현이다. 다시 말해서, 다른 어떤 사람도 아닌 우리--유대인도 아니고, 헬라인도 아닌--가 그분을 믿은 것이다. 우리는 그분에게 우리 자신을 맡긴 바 되었다. 예수님은 우리가 믿는 모든 것의 중심이시다.

어떻게 예수님은 충성하셨는가? 우리는 이미 2장에서 그분이 고난의 길에서 하나님에게 충성하셨다는 사실을 살펴본 바 있다. 그러나 저자는 거기에서 그치지 않고 한 발 더 나아가 모세를 끌어들여서 어떻게 예수님이 모세와 비교해서 충성하셨는지를 보여 주기 원한다. 저자는 구약성경에서 이 점을 잘 드러내는 두 구절을 발견

한다. 첫째는 "충성스러운 제사장"과 "온 집"을 언급함으로 그리스
도를 예표(豫表)한다 (삼상 2:35). 둘째는 구체적으로 인용된 구
절로, "내 종 모세"는 "나의 온 집에 충성됨"을 가리킨다 (민 12:7).

유대의 배경을 가진 사람들에게 모세의 중요성은 아무리 강조해
도 지나칠 수 없다. 십중팔구 히브리서는 조상의 종교로 돌아가려
는 독자들을 위하여 먼저 기록되었다는 것을 기억하라. 그러므로
저자는 모세와 그의 충성에 대하여 언급하며, 그 후 모세와 그리스
도의 차이점이 같은 점보다 훨씬 많다는 것을 보여 준다. 비록 모
세와 그리스도의 논쟁이 이미 함축된 것도 사실이나 (2:2-3), 충
분한 논쟁은 8장(5-6절)과 12장(18-29절)에서 이루어질 것이다.

모세는 진정으로 충성하였으나, 그리스도의 영광이 모세의 영광
보다 훨씬 뛰어났다. 어느 정도나? "집 지은 자가 그 집보다 더욱
존귀할" 만큼 (3절). 독자는 "존귀"와 "영광"이란 단어를 기억하는
가? 우리는 그 단어들을 2장에서 다루었다. 예수님은 인간을 창조
할 때 가졌던 "영광"과 "존귀"로 이제 관을 쓰신다 (2:8-9). 예수님
자신도 물론 창조주이시다 (1:2); 그분은 집을 건축하는 분이시
다. 그러나 만일 하나님이 "만물을 지으신 이"라면 (4절), 예수님도
하나님이라는 뜻이다. 예수님은 아버지가 하나님이신 것처럼 똑같
이 하나님이시다. 예수님의 영광이 모세의 영광보다 뛰어남은 너무
나 당연하다.

그리스도는 다른 점에서도 모세보다 뛰어나다. 모세는 하나님의
집에서 충성했다. 그리스도는 하나님의 집을 맡은 자로서 충성하셨

다 (5-6절). 그리고 모세는 "사환"으로 묘사된다. 물론 사환이란 결코 "종"이 아니다. 그는 경멸을 받는 종이 아니다. 모세는 "존경을 받는 종"(*데라폰*: therapon)이었다. 그 용어는 인정과 존엄을 암시한다. 특히 모세는 "장래에 말할 것을 증거하기 위한" 종이었다. 여기에서 사용된 태(態)는 수동태로, 그것은 성경에서 종종 하나님의 매개를 가리킨다. 그 의미는 다음과 같다: 모세는 하나님이 앞으로 아들을 통하여 말씀하실 것을 증거하였다 (1:2; 2:3).

모세가 하나님의 종이 된 것은 영광이었으나, 그리스도는 하나님의 아들로 칭송되신다. 그분은 "하나님의 집을 맡은" 아들이시다. 마치 그분이 "하나님의 집을 맡은" 제사장이신 것처럼 말이다 (10:21). "그리고 우리가 그의 집"이라고 저자는 힘주어서 말한다. 집은 둘이 아니라 하나인데, 모세는 그 집 "안에서" 그리고 그리스도는 그 집 "위에서" 각각 사역을 담당하였다. 모세도 이스라엘 백성도 아닌 그리스도인들이 하나님의 백성이다. 그러나 거기에는 조건이 하나 있다. 저자는 우리가 하나님의 집이라고 말하면서 끝내지 않는다. "만일"이란 말을 덧붙이면서, 만일 우리가 "소망의 담대함"을 붙잡으면 우리가 그분의 집이다 (6절). "만일"이 14절에서 반복된 것을 주목하라. "담대함"과 "소망"은 히브리서에서 열쇠가 되는 용어인데, 그것들을 통하여 그리스도인들이 끝까지 인내할 수 있다. 소망은 단순한 바람도 아니며, 그렇다고 조용히 간직한 내적 느낌도 아니다. 소망은 적극적이며, 확실하며, 승리적이다. 믿는 자들은 소망 중에 즐거워할 수 있는데 (롬 5:2 참조), 그 까닭은 히브리서에 그토록 정교하게 묘사된 것처럼 소망은 그리스도의 업적에 근거하기 때문이다.

과거를 토대로 한 경고 (3:7-19)

우리가 이미 본 대로 저자는 때때로 주제의 흐름을 중단하고 독자들을 권면한다. 어떤 때는 짧게 그리고 어떤 때는 길게 저자는 격려도 하고 경고도 한다. 여기에서 저자는 두 번째로 중단한다. 2장 1-4절에서 우리는 하나님의 말씀에서 흘러 떠내려 가는 것에 대한 권면을 보았으며, 3장 7절부터 4장 16절에서 우리는 하나님의 말씀을 믿지 못하는 것에 대한 권면을 본다. 경고는 과거를 토대로 왔는데, 그 때 이스라엘이 사막 광야에서 하나님의 말씀에 귀를 기울이기를 고집스럽게 거부하였다. 과거에 하나님의 백성인 이스라엘은 믿음에 계속 거하지 않았다. 저자의 마음에는 현재의 하나님의 백성들도 똑같이 믿지 않을지도 모른다는 두려움을 갖고 있었다.

경고는 이렇게 시작된다, "그러므로 성령이 이르신 바와 같이." 이것은 구약성경의 시편 95편 7-11절을 인용하기 전에 한 말씀이다. 저자의 말은 성경이 성령의 감동으로 기록되었으며, 현재에도 적용되는 메시지를 지니고 있기에 오늘에도 들어야 된다는 것이다 (10:15 참조). 시편 95편은 특히 독자들에게 잘 알려진 말씀인데, 그 이유는 공회에서 예배를 시작하기 위하여 종종 사용되었기 때문이다. 이 시편은 두 부분으로 나뉘는데, 첫째 부분은 예배로의 부름이고, 둘째 부분은 순종으로의 부름이다. 오래 전 시편이 기록될 때는 예배와 순종이 함께 가야 된다는 확고한 믿음이 있었다.

저자는 먼저 이 시편의 둘째 부분을 인용한다: "오늘날 너희가 그의 음성을 듣거든 너희 마음을 강퍅케 하지 말라." 이 말씀은 특별한 의미를 갖는데, 그 이유는 이 부분에서 세 번이나 인용되기 때문이다 (7-8절, 15절; 4:7 참조). "오늘날"은 강조적으로 쓰인다. 오늘날 하나님은 모세보다 위대한 분을 통하여 말씀하고 계시며, 오늘날 하나님은 우리가 적극적으로 반응하기를 원하신다.

인용은 계속되면서 이스라엘의 변하지 않는 강퍅한 마음의 상태를 강조한다. 크게 흥분하면서 그 백성은 모세의 영도(領導) 하에 애굽을 떠났다 (3:16 참조); 그러나 그 후 얼마 지나지 않아 그들은 르비딤에서 "하나님을 시험하였다" (출 17:1-7). 그 후 가데스에서 열두 지파에서 뽑힌 열두 사람이 가나안 땅을 "정탐하려고" 갔다. 그들은 그 땅에 대한 찬란한 보고를 가지고 돌아왔으나, 하나님이 그들에게 그 땅의 주민들을 이기게 해 주실 것을 믿지 않았다. 그들은 반항하면서 그 땅을 취하려 하지 않았다. 그들이 들어가기를 원하지 않았기 때문에 그 곳으로 결코 들어갈 수 없다는 하나님의 심판을 받았다.

그리고 두말 할 필요도 없이 그들은 들어가지 못했다. 하나님은 그들에게 "격동하여" 그들이 결코 "안식"에 들어가지 못하게 하겠다고 "맹세하셨다." 주님은 말씀하신다, "나의 삶을 가리켜 맹세하노라. 너희 말이 내 귀에 들린 대로 내가 너희에게 행하리니, 너희 시체가 이 광야에 엎드러질 것이라. 너희 이십 세 이상으로 계수함을 받은 자 전부가 갈렙과 여호수아 외에는 내가 맹세하여 너희로 거하게 하리라 한 땅에 결단코 들어가지 못하리라 (민 14:28-30; 13-14장을 모두 읽어라). 그들에게 닫혀진 땅은 하나님이 그들을 위하여 염두에 두신 "안식"이었다. 그러나 하나님은 그들에게 노하셨는데, 그 사실은 "진노," "맹세하다," "격발하다" 등의 단어에서 볼 수 있다. 하나님은 맹세까지 하시면서 그들이 들어가지 못하도록 결정하셨다. 하나님은 그들이 충성치 못함에 "격발하셨다." 히브리서 저자는 모든 독자에게 하나님이 그의 백성들을 정말로 기뻐하시지 않을 수 있다는 사실을 알기 원한다.

시편 95편이 이렇게 적용되었다 (12절). 저자는 결국 이렇게 말한 셈이다: "삼가라! 독자도 이스라엘 백성처럼 탈선해서 악한 마음을 가질 수 있다. 그들은 하나님 믿기를 거부하였다. 그것은 어떤 독자에게도 일어날 수 있으며, 그렇게 되면 독자도 살아 계신 하나님에게서 떨어질 수 있다." "떨어지다," "미혹되다"라는 원어는 아포스테나이(apostenai)로서, 그 뿌리가 "배교"와 같다. "조심하라"(블레페테: blepete)는 상황의 심각성을 암시한다. 그 단어는 히브리서에서 딱 한 번 더 사용된다: "너희는 삼가 말하신 자를 거역하지 말라" (12:25). "삼가"라는 단어가 사용된 두 경우 다 하나님의 음성을 듣지 못하게 될 것에 대한 경고로 사용된 것을 우리는 확실히 주목해야 한다.

배교의 위험은 상존하였는데, 특히 이 편지를 받는 최초의 독자들에게는 더욱 그랬다. 유혹의 바람과 폭풍우는 그들을 두드리고 있었다. 그들의 집은 지탱될까? 만일 그리스도 위에 세워졌다면 지탱될 것이다. 그리스도를 버리고 모세와 유대교로 돌아가는 것은 살아 계신 하나님을 배반하는 것이었다. 배교는 불신의 궁극적인 열매이다. 여기에서 "불신"은 "믿음의 부족"이라기 보다는 "믿음의 거절"이다. 항상 살아계신 하나님은 그런 배교를 언제나 심판하신다 (10:26-31 참조).

상황이 너무 위태롭기 때문에 각자가 행동을 취하지 않으면 안되었다: "오직 '오늘'이라 일컫는 동안에 매일 피차 권면하라." "오늘"은 시편 95편의 중요한 단어인 "오늘날"--아직 하나님의 음성을 들을 기회가 있는 오늘날--을 인용한 것이다. 그리스도인은 매일 삶을 살아가나, 그렇다고 혼자서 살아야 하는 것은 아니다. 믿는 자들은 서로를 위로하고 격려해야 하는데, 이런 현상은 특히 예배 모임에서 일어난다 (10:24-25 참조). 만일 첫 독자들이 일주일에 한 번씩 주의 날에만 모인다면, 그들은 매일 모여야 된다는 권면을 받는 것이다. "격려" 내지 "권면"은 히브리서에서 능력 있는 관심사이다 (6:18; 10:25; 12:5; 13:22).

저자는 더 나아가서 독자들도 "죄의 속임수로 강팍케 될 수 있다"고 말하는 것 같다. 저자는 그와 같은 표현을 종종 수사학적으로 한다. 그는 "죄로 강팍하게 된다"고 간단하게 말하지 않고, "죄의 속임수로 강팍케 된다"고 말한다. 그것은 우리가 "죄에게 속아서 그 결과 강팍케 된다"는 말이다. 죄는 강팍케 된 마음으로 인도하며, 강퍅케 된 마음은 불신으로 인도하고, 다시 불신은 배교로 인도한다.

저자는 6절에서 "만일...잡으면, 우리가 하나님의 집"이라고 말한다. 이제 저자는 14절에서 "만일...잡으면, 우리가 그리스도와 함께 참예한 자가 되리라"고 말한다. 때때로 부모는 자녀에게 이렇게 말한다, "만일...하면 이렇게 해 주겠다." 그러나 그 자녀는 "만일"이란 말을 듣지 못한다. 모든 그리스도인은 그들의 마지막 구원의 "만일"을 기억해야 한다. 하나님은 은혜를 주시는 위대한 하나님이시며, 우리는 그런 은혜로 구원을 받는다. 그러나 그리스도인은 그 은혜를 받아들이고 또 그 안에 거해야 한다 (고후 6:1 참조). 참으로, "우리는 그리스도와 같이 되었으며" 따라서 그분의 보좌에 함께 앉게 해 줄 것이다 (계 3:21). *만일* 우리가 그리스도인으로서 순례자의 길을 시작할 때 가졌던 확신을 붙잡고 있기만 한다면 말이다. 그런 확신은 그리스도가 다시 오실 때까지 아니면 우리가 이 세상을 떠나 그분에게 갈 때까지 "끝까지 확실하게" 붙잡아야 한다.

"만일"이 그들의 마음을 채 떠나기도 전에, 저자는 독자들을 위하여 시편 95편 7-8절의 말씀을 다시 인용한다: "오늘날 너희가 그의 음성을 듣거든 너희 마음을 강퍅케 하지 말라." 그런 다음, 저자는 인상적인 필치(筆致)로 독자들에게 세 가지의 수사적 질문을 던진다. 16-18절에 들어 있는 그 질문들--19절은 전반적인 결론이다--을 다음과 배열할 수 있을 것이다:

1. 질문: "말씀을 듣고도 *격노케* 하던 사람들은 누구였는가?"

대답: "그들은 지도자 모세와 더불어 애굽을 떠난 사람들이 아닌가?"

2. 질문: "그런데 하나님은 누구에게 *40년 동안 노하셨는가?*

대답: "죄를 범하여 광야에서 쓰러져 죽은 사람들이 아니었는가?"

3. 질문: "하나님은 누구에게 *맹세하사 그분의 안식에 들어오지 못하리라* 하셨는가?

대답: "불순종한 사람들에게 아니었는가?"

결론: "그러므로 저들이 불신 때문에 들어가지 못했음을 우리는 안다."

성경 말씀으로 표현된 질문들의 이탤릭체로 된 단어들을 주목하라 (시 95).

3장은 얼마나 암담하게 끝나는가! 3장은 그리스도의 충성(faithfulness)으로 시작하나 이스라엘의 불신(faithlessness)으로 끝난다. 독자들은 어느 길을 선택할 것인가? 그 문단의 시작(12절)과 끝(19절)에서 언급된 단어 하나가 눈에 띄게 드러나는데, "믿지 아니함," 곧 불신이다. 하나님이 이스라엘 백성을 저버리셨는가? 모세가 그랬는가? 아니다! 그들이 믿기를 거부했기 때문에 그들은 그토록 바라던 종착역에 들어가지 못했다.

하나님의 백성을 위한 안식 (4:1-10)

비록 여기에서 4장이 시작되긴 해도, 실제로는 3장과 그 사고의 흐름에서 단절은 없다. 이 두 장을 한데 묶는 중요한 단어는 "들어가다"이다. 그 단어가 3장 마지막 절과 4장 첫 절에 나타날 뿐 아니라, 남은 부분에서 일곱 번이나 더 나타나는 것을 주목하라. 저자는 시편 95편을 인용하면서 현재의 독자들에게 여전히 들어가야 할 안식이 남아 있다는 사실을 확실히 강조하기 원한다. 한편 하나님이 이스라엘을 향하여 두 팔을 닫으면서 가나안에 들어오지 못하게 하시지만, 또 한편 두 팔을 벌리면서 그분의 백성에게 안식으로 들어오라고 하시는 모습을 마음 속에 그려보라. 하나님은 모든 사람들이 들어올 수 있도록 두 팔을 가능한 대로 널리 펴고 서 계신다. 그것은 그분의 안식이 아직도 모든 사람에게 열려 있다는 것을 보여 준다. 그러면 우리에게 들어가라는 그분의 안식은 무엇인가?

히브리서 저자는 놀라운 방법으로 이 안식을 논하기 시작한다. 그는 이렇게 시작한다, "우리는 두려워할지니." "우리가 두려워해야 하는 것은 너희 중" 그 안식에 들어가지 못할 자가 있을까 염려되기 때문이다. 그 전처럼 (3:12-13), 저자의 관심은 회중 가운데 있는 모든 사람이다. "그렇다, 우리도 약속된 안식에 미치지 못할 수도 있다," 저자의 말이다. 어떻게 그런 일이 있을 수 있는가? "왜냐하면 그들에게 그랬던 것처럼 우리에게도 복음이 전해졌기 때문이다." 광야의 사람들에게 복음이란 안식과 풍요의 땅이었다. 반면, 그리스도인들에게 복음이란 가장 복된 소식으로, 그리스도를 통한 구원의 소식이다. 우리는 믿음으로 화답했는가?

저자는 이제 거룩한 안식이 우리의 것이라고 확실히 말한다, "이미 믿는 우리들은 저 안식에 들어가는도다." 말을 바꾸면, 우리는 그 안식으로 들어가는 과정에 있는데, 그 이유는 전후 문맥에 의하면 우리도 그 안식을 완전히 얻지 못했기 때문이다. 이스라엘이 하나님의 안식에 들어갈 수 없게 되었다는 사실은 그 안식이 다른 사람들을 위하여 하나님이 따로 남겨 두셨다는 것을 보여 준다. 진실로, 하나님의 안식은 창조가 끝나면서부터 지금까지 준비되어 있었다.

그 다음 구절들(4-7절)에서 하나님의 안식이 여전히 열려 있다는 것을 보여 주는 구약성경의 세 구절이 인용된다. 첫째는 창세기 2장 2절인데, 히브리서의 특징처럼 모호하게 소개된다 (2:6; 5:6 참조). 하나님의 안식은 창조가 완성되기 오래 전부터 준비되었다. 그 말씀은 이렇다, "하나님은 그 지으시던 일이 다하므로 안식하시니라." 둘째와 셋째는 다시 시편 95편에서 인용되는데, 앞에서 언급한 것을 다시 확인한다. 그러나 한 발 더 나아가서 다음의 말씀을 덧붙인다, "오늘날 너희가 그 음성을 듣거든." 성령님은 광야의 경험이 있은 후 오랜 세월이 지나서 다윗을 통하여 이 말씀을 하셨다. 이것은 하나님의 안식이 다윗의 때에도 여전히 열려 있었다는 것을 의미한다. 그리고 안식이 그 때도 열려 있었다면, 오늘날 하나님의 백성에게도 열려 있다는 것은 당연하다고 저자는 추론한다.

앞에서는 모세와 그리스도 사이에 있는 현격한 대조가 제시되었고 (3:1-6); 여기에서는 여호수아와 그리스도 사이에 있는 대조가 제시된다. "여호수아"와 "예수"는 형태는 다르지만 같은 이름으로 대조를 생각하지 않을 수 없게 한다. 모세는 백성을 애굽에서 인도해 냈지만 가나안으로 인도해 들이지 못했다. 여호수아는 인도해 들였지만, 그가 획득한 안식은 땅에 관한 것이며 동시에 일시적이었다. 우리의 사령관이자 개척자이신 예수님은 우리를 영원한 안식으로 인도하실 수 있다.

이제 이 모든 것에 대한 결론을 이끌어낼 수 있게 된다. "그런즉 안식할 때가 하나님의 백성에게 남아 있도다. 이미 그의 안식에 들어간 자는 하나님이 자기 일을 쉬심과 같이 자기 일을 쉬느니라"(9-10절). "안식할 때"(sabbatismos: sabbath rest)란 단어는 그 자체가 흥미로우며 신약성경에서는 다른 어느 곳에서도 나오지 않는다. 이것은 하나님의 특별한 안식에 대한 특별한 단어이다. 이 단어는 "안식을 지킴"으로도 번역될 수 있다. 그렇다면 우리는 그것이 본질상 비유로 쓰여졌다는 것을 이해할 수 있는데, 그 이유는 저자가 이 부분에서 계속하여 안식에 *들어가야* 된다는 사실을 언급하고 있기 때문이다. 안식이란 단어는 얼마나 감동을 주는가! 그것은 하루 종일 고된 일 끝에 지치고 발이 부르터서 돌아온 농부와 같다. 그는 흙투성이가 된 신을 벗고 누워서 안식한다. 그것은 긴 여행을 마치고 지칠 대로 지쳐서 쓰러지기 직전에 있는 여행가와 같다. 그가 마침내 집에 돌아와서 간식과 안식을 취한다. 하나님은 그분의 참된 백성을 위하여 안식을 나누어 주신다. "저희 수고를 그치고 쉬리니, 이는 저희의 행한 일이 따름이라!"(계 14:13)

하나님의 말씀 (4:11-13)

하나님의 완전한 안식이 그 백성들을 기다린다. 그러나 저자는 독자들의 상태를 기억하면서 엄중한 경고를 내린다: "우리가 저 안식에 들어가기를 힘쓸지니, 이는 누구든지 저 순종치 아니하는 본에 빠지지 않게 하려 함이라." "힘쓰라"는 열심과 노력을 암시한다. 하나님은 은혜로 하늘의 안식을 마련하셨으나, 각자가 노력해서 그곳에 들어가야 한다. 우리도 모든 노력을 경주(傾注)하여 광야의 이스라엘처럼 떨어지지 않도록 해야 한다. 다른 말로 하면 다음과 같다, "천국에 들어가기 위하여 열심히 노력하자!"

다음 절은 앞의 절을 확실히 연결하는 "왜냐하면"으로 시작한다 (개역한글판은 이 연결어가 없다--역자 주). "왜냐하면 하나님의 말씀은 살았고 운동력이 있어." 저자는 독자들에게 다음과 같이 격려한다: "너희는 불순종하는 이스라엘에게 어떤 일이 일어났는가를 본다. 너희가 하나님의 기록된 말씀을 읽을 때 (특히 시편 95편을 읽을 때), 그 말씀을 무의미하게 읽지 말라. 하나님의 말씀은 언제나 적절하며 언제나 적용된다." 저자는 독자들의 고집을 깨뜨리어 이스라엘의 무서운 비극이 그들에게도 적용된다는 것을 알려 주기를 원한다.

하나님의 말씀은 "좌우에 날 선" 칼과 같다. 말씀은 어떤 것이든 자를 수 있는데, 심지어 "혼과 영" 그리고 "관절과 골수"를 분리시킬 수 있다. 이런 표현은 수사학적이어서 문자적으로 받아들여서는 안

된다. 저자는 하나님의 말씀이 참으로 날카롭다는 것을 묘사하기 위하여 여러 가지 용어를 덧붙이고 있는 것이다. 말씀은 사람의 가장 깊은 자아까지도 날카롭게 뚫고 들어가며, 또한 "마음의 생각과 뜻을 감찰한다." 여기에서 하나님의 메시지는 그것이 인격인 것처럼 인격화된다. 우리가 하나님의 말씀을 읽을 때, 그 말씀은 곧바로 우리의 마음 속으로 파고 든다. 말씀은 일일이 찾고 또 지시한다. 말씀은 경고하고 또 격려한다.

> 시간마다
> 나는 당신이 죄를 죽이거나
> 미덕이 들어와서
> 죄와 싸우는 것을
> 읽는다.

그런 것이 항상 현존(現存)하는 하나님의 말씀의 특성이다. 그런 것이 모든 것을 아시는 하나님의 특성이다. 그러므로 저자는 손쉽게 하나님의 말씀에서 하나님으로 옮겨가면서 이런 요지로 말한다, "그분 앞에서 어떤 피조물도 숨을 수 없다. 모든 것이 그분의 눈 앞에 벌거벗은 것처럼 드러난다." 이제 장면은 하나님이 재판장으로 바뀐다. 만물 안에 있는 모든 것이 꿰뚫어보시는 그분의 눈 앞에 배열된다. 그분 앞에서 어떤 위장(僞裝)도 결코 가능할 수 없다. 그분의 심판은 결코 과오가 없다. 그런데 그분은 우리를 심판하실 분, 곧 "우리가 보고를 드리지 않을 수 없는 분"이시다.

이처럼 중요한 부분이 이처럼 한 단어, 곧 "말씀"을 강조하면서 마친다.

> 12절: "하나님의 *말씀*은 살았고 운동력이 있다."
> 13절: "우리의 *말*이 드려지는 자" ("우리를 상관하시는"이란 표
> 현은 우리가 보고를 드린다는 의미이다--역자 주).

하나님의 살아 있는 말씀이 우리에게 선포되었기 때문에 우리는 살아 계신 하나님에게 우리의 말, 곧 우리의 보고를 드리지 않으면 안 된다.

문제는 심각하다. 우리는 앞으로 나아가든지 (6:1), 아니면 뒤로 떨어져 나가든지 둘 중에 하나이다 (3:12). 우리가 하나님의 안식에 들어가든지 아니면 들어가지 못하든지 둘 중에 하나이다. 얼마나 무서운 일인가, 우리가 하나님 앞에 서서 "너희는 나의 안식에 결코 들어오지 못하리라!"는 무서운 말씀을 듣는다고 생각만 해도 말이다.

질 문

1. 히브리서 3:1은 몇 가지 중요한 용어를 제시하는데, 그 가운데 4:14에서 반복되는 것도 있다. 다음의 용어들은 무엇을 의미하는가: "거룩한 형제들," "하늘의 부르심," "사도," "대제사장," "믿는 도리"?

2. 그리스도의 충성과 모세의 충성을 비교하라. "충성하다"는 용어는
   그 다음 구절들에서 어떻게 반향(反響)하는가?

3. 3:7에서 시작되는 권면은 시편 95편에 근거한다. 시편 95편을
   읽어라. 그 시편의 주된 사고는 무엇인가? 히브리서 저자는
   3:12-19에서 어떻게 적용하는가?

4. 우리도 죄로 속고 강퍅해질 수 있는가? 우리가 히브리서에서 지금
   까지 읽은 바에 의하면 죄를 다룰 수 있는데, 그 방법은 무엇인가?

5. 이스라엘 백성에게 주어진 복음은 무엇이며, 또 우리에게 주어진
   복음은 무엇인가 (4:2)?

6. 백성을 위한 하나님의 안식은 "들어가지" 않으면 안 될 안식이다.
   4:1-13에서 "들어가다"는 단어를 모두 찾아보라. 4:9-10은 하나
   님의 안식을 어떻게 상상하게 하는가?

7. 본문에서 살아 있고 운동력 있는 "하나님의 말씀"은 무엇인가 (4:
   12)? 그것은 무엇을 의미하는가? 11, 12 및 13절은 어떻게 연결
   되는가?

5

예수, 자비한 대제사장

히브리서 4:14-5:10

저가...자비한 대제사장이 되어.

히브리서 2:17

안식은 너무나 큰 가치를 지니고 있으며, 역설적으로 우리는 "저 안식에 들어가기를 힘써야 한다"(4:11). 하나님의 백성을 위한 하나님의 안식은 처음부터 하나님에 의하여 준비되었고, 충성치 못한 이스라엘에게 약속되었고, 여호수아에 의하여 이루어지지 않았고, 다윗의 때에도 들어갈 수 있었으나, 지금은 완전히 성취될 날을 기다리고 있다. 이것이 저자가 첫 번째 독자들과 우리를 경고하면서 말씀하려고 한 요지이다.

그뿐 아니라 그 다음의 경고가 있다. 하나님의 말씀은 시편 95편에 오래 전 기록되었으나, 동시에 지금도 살아 있고 역사를 이룬다. 그 말씀은 우리를 있는 그대로 꿰뚫어보는 것이다. 분명히 우리는 하나님의 마지막 심판에 당면할 것이며, 따라서 우리가 그분을 속일 수 있다고 생각하는 어리석은 발광에 불과하다.

하나님의 요구는 크나, 그분의 자비도 역시 크다. 저자는 이처럼 긴 경고 직후 (3:7-4:13), 예수님을 자비로운 대제사장이란 주제로 전개하는데, 그것은 깊은 의미를 갖는다. 4장의 마지막 부분인 14-16절은 엄중한 경고에서 예수님의 대제사장 직분을 연결하는 다리의 역할을 한다.

사랑의 그리스도 (4:14-16)

예수님을 자비롭고 충성스런 대제사장이라고 선언하는 2장 17절이 중추적인 구절임을 우리는 기억해야 한다. 3장 1-6절에서 저자는 예수님을 충성된 분으로 다루나, 이제는 예수님을 자비로운 분으로 논하기 시작한다.

특히 우리의 대제사장에 대하여 14절은 몇 가지를 언급한다. 그리스도인들에게는 분명히 대제사장이 있다. 물론 첫 번째 독자들 가운데는 이 점에서 의심을 갖는 자들도 있었다. 그러나 그분은 큰 분이시다! 그리스도는 과거의 모든 사람들보다 훨씬 월등하시며, 저자는 특히 그리스도의 인격과 사역에서 뛰어나심을 보여 줄 것이다.

둘째, 우리의 대제사장은 "하늘을 지나가신 분이다." 다시, 이 표현은 수사학적이다. 우리는 이런 언어가 저자의 특징이라는 것을 살펴본 바 있는데, 여기에서 저자는 우리로 하여금 높아진 예수님의 신분을 주목하게 한다. 뿐만 아니라 우리는 저자가 유추의 언어도 좋아한다는 것도 살펴본 바 있다. 유대인의 대제사장은 세상의 휘장을 지나 지성소 안으로 들어갔으나, 우리의 대제사장은 하늘에 있는 거룩한 존전(尊前) 안으로 들어가셨다 (히 9:24).

셋째, 우리의 대제사장은 다름 아닌 예수님, 곧 하나님의 아들이시다. 이런 표현은 예수님의 본성, 육성 및 신성이라는 보충적 측면에 초점을 맞춘 것이며, 동시에 자비로운 대제사장에 대한 보다 깊은 논의를 위한 설정이기도 하다 (5:1-10).

우리에게 큰 대제사장 예수님이 계시기에 저자는 독자들에게 이렇게 촉구한다, "우리가 믿는 도리(confession)를 굳게 잡을지어다." 그리스도인인 우리에게는 반드시 "믿음의 도리"(confession)가 있다 (3:1). 우리는 그리스도를 입으로 고백한 바 (confess) 있다. 우리는 그분에게 믿음과 소망을 두었다. 이제 우리는 그분 때문에 우리가 믿는 그분과 모든 것을 "굳게 잡으라"는 충고를 받는다. 그런 충고가 시사하는 것은 첫 번째 독자들이 그리스도에 대한 충성에서 흔들리고 있었다는 사실이다. 물론, 똑같은 일이 우리에게도 일어날 수 있다.

고대에서는 신들이 인간들로부터 멀리 떨어져 있었다고 일반적으로 느꼈다. 저자는 이미 이것을 상당히 자세하게 다루면서 참된 하나님에 대한 그런 생각들을 부수었다. 이제, 격려 차원에서 저자는 그리스도가 제자들로부터 멀리 떨어져 있지 않다고 언급한다. 소극적으로 표현하면, 우리에게 있는 대제사장은 "우리의 연약함을 체휼하지 않는 분"이 아니시다. "체휼하다"는 단어는 실제로 헬라어로 신약성경에서 이곳과 10장 34절에서만 나온다. 그 용어는 문자적으로 "함께 느끼다"를 의미하며, 영어에서는 흔히 슬픔이나 연민을 나누는 것을 가리킨다. 여기에서는 그런 의미가 아니라, 그리스도가 연약한 인간들과 같은 인간으로서 "함께 느낀다"는 의미이다. 적극적으로 표현한다면, 그분은 "모든 일에 우리와 한결 같이 시험을 받은 자로되, 죄는 없으시니라." 시험 자체는 죄가 아니다. 완전한 인간이신 예수님은 똑같이 빈곤, 치통, 헛된 욕망 등을 아셨다. 그분은 "모든 일에" 시험을 당하셨다. 그러나 다른 곳에서도 언급된 것처럼, 그분은 한 번도 죄에 넘어가신 적이 없었다 (고후 5:21; 벧전 2:22; 요일 3:5 참조).

우리의 대제사장이 가까이 계신 것을 안 이상, "그러므로 우리가 은혜의 보좌 앞에 담대히 나아가자" (16절). "담대히"라는 말은 "대담함" 내지 "용기"와 같은 단어이다. 히브리서 저자가 우리에게 담대하라고 요구하는 것은 조금도 놀라운 일이 아니다. 혹자는 이렇게 생각할 수도 있다, "여기에 자아와 죄와 지키지 못한 약속들로 가득 찬 내가 있다. 어떻게 내가 하나님에게 나아갈 수 있겠는가?" 그러나 "용기를 내어라," 저자는 말한다, "담대하게 나아가라." "나아가라"는 전문적인 용어로, 구약의 제사장이 하나님에게 예배로 "접근할" 때를 묘사하는 데 사용되었다. 여기에 흐르는 사고는 다음과 같다: 문이 활짝 열려져 있을 뿐 아니라, 그리스도를 통하여 우리가 하나님 앞에 직접 나아갈 수 있다.

보다 구체적으로 말하면, 지속적인 기도를 하라는 권면이다. "은혜의 보좌"는 "하나님의 보좌"를 저자가 놀라운 방법으로 표현한 것이다. 앞의 4장 13절에서 하나님은 심판의 보좌에 앉으신 분으로 묘사되는데, 거기에서 모든 것을 꿰뚫어보시는 눈에서 아무도 피할 수 없다. 이제 저자는 4장을 마치면서 의도적으로 하나님을 은혜의 보좌에 앉으신 분으로 그린다. "은혜"와 "자비"와 "도움"은 우리에게 모두 필요한 것들인데, 그 가운데 매일 핍박의 위협에 직면하고 있던 초대 그리스도인들만큼 필요한 사람은 아무도 없었다. 그리고 은혜는 하나님의 보좌에 있으며, 필요로 할 때는 우리가 언제든지 다가갈 수 있다. 만일 이것이 사실이라면, 왜 우리는 움츠리면서 뒤로 물러가는가? 저자는 그 반대로 격려한다. 그 권면이 전달하는 힘은 이렇다, "우리는 거듭거듭 기도로 하나님의 보좌에 나아가자. 하나님에게로 가까이 나아가자."

히브리서 4장 1-16을 돌이켜볼 때, 우리는 이 장 전체가 경고와 권면을 놀랍게 결합시키고 있다는 사실을 기억해야 한다. 나는 오랫동안 학생들에게 4장에 대하여 기억해야 할 것 *네* 가지를 가르치려 했다. 그것을 달리 표현하면 4장에 나오는 *네* 가지는 "우리는… 을 하자"이다:

1. "우리는 두려워하자." (4:1)
2. "우리가 저 안식에 들어가기를 힘쓰자." (4:11)
3. "우리가 믿는 도리를 굳게 잡자." (4:14)
4. "우리가 은혜의 보좌 앞에 담대히 나아가자." (4:16)

대제사장의 자격 (5:1-4)

이제 예수님이 대제사장이라는 저자의 주장을 보다 깊이 살펴보아야 할 단계가 되었다. 그리스도인들에게는 참으로 대제사장이 있다는 사실을 저자는 이미 확인한 바 있었다: 그런데 그 제사장은 예수님이시고 또 제사장인 예수님은 충성스럽고 자비하시다. 그러나 예수님은 구약성경에 규정된 제사장의 자격을 갖추시고 있는가?

일반적으로 말해서, 대제사장은 구약 시대에서든 신약 시대에서든 상관없이 다음과 같은 두 가지 자격을 갖추어야 한다: (1) 제사장은 "사람 가운데서 취한 자"여야 한다 (5:1). (2) 제사장은 "하나님의 부르심을 입은 자"여야 한다 (5:4). 저자는 이처럼 일반적인 자격을 언급하고 그 자격에 대하여 몇 가지 사실을 덧붙인 후, 그런 자격을 그리스도에게 적용시킨다 (5:5-10).

저자는 "대제사장마다 사람 가운데서 취한 자이므로"(1절)라고 언급하면서 단도직입적으로 제사장에 대하여 논하기 시작한다. 그러나 접속사, "왜냐하면"은 4장과 특히 동정하는 대제사장과 연결시킨다 (4:13). 동족 가운데서 취해진 제사장은 하나님 앞에서 그 동족들을 대표하면서 "예물과 속죄하는 제사"를 드린다. 여기에서는 의도적으로 모호한 언어를 사용하는데, 그 이유는 후에 저자가 속죄일에 죄를 다루는 대제사장의 역할에 초점을 두기 위함이다 (9-10장).

범인으로서 대제사장은 "연약에 싸여 있다." 이것은 한편 그가

"백성을 위하여 속죄제를 드림과 같이 또한 자기를 위하여 드려야만 한다"는 것을 의미했다 (레 16:1-24). 이것을 다른 말로 표현하면, 유대의 대제사장도 그 백성과 똑같이 영적 고통이 있었다는 것을 말한다.

또 한편, 인간인 대제사장도 연약이라는 옷을 입었기 때문에, "저가 무식하고 미혹한 자를 능히 용납할 수 있었다" (2절). 적어도 이렇게 되는 것이 당연하다. 지금까지 저자는 대제사장을 이상적으로만 보고 있었다. 모세의 율법에 따르면, 대제사장은 매우 거룩한 사람이요, 따라서 찬란한 제사장의 복장으로 치장을 한 사람이며, 전 국민의 종교적 지도자였다. 사실대로 말하면, 대부분의 유대 제사장은 하나님이 설정하신 자격에 훨씬 미치지 못했다. 로마 시대에는 많은 제사장이 터무니없을 정도로 타락해서, 정치적인 특권을 누리기 위하여 음모와 술책을 일삼았다. 생각이 깊은 경건한 유대인이 유대 대제사장들의 타락한 상태를 얼마나 많이 비탄해 했는지 모른다. 그런 유대인은 얼마나 많이 눈과 목소리를 높여서 하나님 앞에서 올바르게 인간을 대표할 수 있는 새롭고 보다 나은 진정한 대제사장을 갈구했는지 모른다.

히브리서 저자는 그토록 오래 고대하던 대제사장의 조건을 갖출 수 있는 분은 예수님밖에 없다는 것을 잘 안다. 예수님만이 길을 벗어난 자들을 "능히 용납하실" 수 있다. "능히 용납한다"는 표현은 헬라어에서는 흔치 않다. 그 표현은 무관심이라는 극단과 감정적 방종 사이에 오는 "중간 용어"이다. 예를 들면, 어떤 부모는 자녀들을 전혀 사랑하지 않는다. 자녀들이 먹든지, 옷을 입든지, 아니면 길거리에서 뒹굴든지 관심이 없다. 반면 어떤 부모는 자녀들을 너무나 "사랑한" 나머지 거의 무엇이든지 허락한다. 아이가 흙탕이 된 발로 집에 뛰어 들어오든지, 그 방을 장난감으로 마구 어질러놓든지, 심지어 가구들을 망가뜨리든지 마음대로이다. 그러나 부모는 "아직 어린애야. 귀여워 죽겠어"라고 말한다.

결국 요지는 다음과 같다: 우리의 대제사장인 예수님은 우리를 적절하게 그리고 부드럽게 다루신다. 예수님은 우리를 방종하도록 내버려 두지도 않으시며, 그렇다고 무관심하게 우리를 떠나지도 않으신다. 예수님은 우리에 대한 분노를 억제하고 또 우리의 잘못을 짊어지신다. 그분은 가장 이상적인 대제사장이시다.

그뿐이 아니다: "이 존귀는 아무나 스스로 취하지 못하고 오직 아론과 같이 하나님의 부르심을 입으셨다" (5:4). 모세의 형인 아론은 하나님의 부르심을 받고 대제사장이 되었다 (출 28; 레 8). 히브리서 가운데 이곳에서 처음으로 아론이 거명되는데, 그렇게 함으로 저자는 예수님과 아론 (그의 모든 제사장 후손을 포함해서) 사이에 중요한 비교를 하기 시작한다. 제사장의 직분을 사칭(詐稱)하는 사람은 그 직분에 꼭 필요한 사랑이라는 자격을 갖추지 못한 사람이다.

예수님의 자격 (5:5-10)

앞에서 언급된 구약의 대제사장의 자격이 이제부터 조심스럽게 예수님에게 적용된다. "또한 이와 같이 그리스도께서 대제사장 되심도 스스로 영광을 취하심이 아니요" (5절). "예수님"(4:14)이 이제 "그리스도"로 불린 사실을 주목하라. 그분이 여기에서 "그리스도"라 불린 것은 거룩하게 임명된다는 뜻이다. 그리스도가 이 세상에 들어오시기 전, 다시 말해서 영원 전의 신분으로 있을 때, 그분은 하나님과 동등됨을 끝까지 주장하지 않으시고 (빌 2:6-8), 자원해서 종으로 세상에 오셨다. 세상에 있는 동안에도 그분은 대제사장의 직분을 추구하지 않으셨다.

인내와 복종으로 그리스도는 대제사장으로 부름받을 때를 기다리셨다. 바로 성경에서 그분의 부르심이 기록되어 있다. 그분을 임명하신 하나님이 이렇게 선포하셨다,

> "너는 내 아들이니,
> 내가 오늘날 너를 낳았다." (5절)

또 다른 성경에서 그 부르심이 기록되어 있다,

> "네가 멜기세덱의 반차(班次)를 좇는
> 영원한 제사장이라." (6절)

위의 두 인용문은 그리스도의 아들 되심과 제사장 되심을 증언하며, 또한 하나님의 부르심을 증언한다.

히브리서라는 놀라운 서신의 커다란 공헌 가운데 하나가 바로 여기에 있다는 것을 강조하지 않을 수 없다. 신약성경 가운데 어떤 책도 아들/왕/메시야/제사장이라는 불가분의 관계를 이처럼 분명

히 제시하지 않는다. 많은 사해 사본(the Dead Sea Scroll)이 발견된 고대 쿰란(Qumran)의 신앙인들은 두 분의 메시야를 기다렸는데, 그 가운데 한 분만이 제사장의 지위를 가지고 있었다. 그러나 히브리서 저자와 십중팔구 초대 교회는 진정한 아들이 바로 메시야이며 동시에 제사장이라는 사실을 인정하였다.

히브리서가 공헌한 또 하나의 중요한 것이 있다. 구약성경에 따르면, 대제사장 직분은 엄격하게 세습적이었다. 제사장이 되려면 반드시 레위 지파에서 태어나야 했다. 그러나 대제사장이 되기 위해서는 레위 지파 중에서도 특정한 가족, 곧 육체적으로 아론의 후손이 되지 않으면 안 되었다. 모든 유대인은 이것을 알고 있었다. 그렇다면 어떻게 레위인도 아니고 아론의 후손도 아닌 예수님이 대제사장이 되실 수 있었는가?

"성경을 다시 보라," 저자의 주장이다, "너희도 기억하는 것처럼 우리는 시편 2편을 읽는다, '너는 내 아들이라.' 이제 다시 시편 110편은 무엇이라고 말하는가? '너는 멜기세덱의 반차를 좇아 영원한 제사장이라.' 너무나 분명하지 않은가? 그리스도를 하나님의 아들이라고 말씀한 같은 시편이 그리스도가 제사장이라고도 말씀한다."

저자는 이 모든 것에 대하여 후에 자세히 논할 것이다.

또 다른 면에서 히브리서는 예수님에 대한 우리의 이해를 측량할 수 없을 정도로 보태 준다. 7-10절은 예수님에 대하여 사복음서에서 계시하지 않은 사실을 우리에게 알려 주며, 따라서 이 몇 절은 히브리서를 사랑하는 모든 사람들에게 그리고 장엄한 그리스도를 사랑하는 사람들에게 보배가 된다.

몇 절밖에 안 되는 이 부분은 문학적으로도 보배로 인정된다. 인위적으로 구성시킨 감동적인 문장인데, 이런 문장을 저자는 무척 좋아한다. 헬라어에서 네 절은 한 문장을 이룬다. 빛나며, 깊이 명상(冥想)되었고, 형태는 운율적(韻律的)이며, 개념(概念)은 너무나 높아서, 어떤 사람들은 이 단락이 초대 유대 기독교의 "대제사장 찬송가"라고도 주장한다. 그러나 그것은 불필요한 가설이다. 히브리서는 너무나 많은 곳이 능숙한 사람의 기술(記述)임을 드러낼 뿐 아니라, 이 문장도 4장 17절, 5장 2절, 5장 5-6절 등과 같은 탁월한 사고(思考)에서 자연스럽게 흘러나왔다는 것을 기억해야 한다.

저자는 5장 5절에서 그리스도가 대제사장의 영광을 스스로 취하지 않았다고 언급한다. 이 점을 설명하기 위하여 저자는 지상에서의 예수님을 되돌아본다. "그는 육체에 계실 때에 심한 통곡과 눈물로 간구와 소원을 올렸느니라"(7절). 당신은 "육체에 계실 때에"라는 흔하지 않은 표현을 눈여겨보았는가? 신약성경은 그런 표현을 제법 여러 번 지니고 있는데, 그 이유는 그리스도가 그만큼 절대적으로 독특하시기 때문이다. 우리는 그런 표현을 다른 어떤 사람에게도 사용하지 않는다. 그 까닭은 인간에게는 "육체의 때" 외에 다른 때가 없기 때문이다. 그러나 그런 언어가 그리스도에게는 적절하며, 그것은 그분이 "육체의 때"가 아닌 다른 때가 있었다는 것을 시사한다.

"간구와 소원"과 "통곡과 눈물"은 예수님이 겟세마네에서 하신 기도를 아주 분명히 암시한다. 그토록 깊은 슬픔의 시간에 그분은 "자기를 죽음에서 능히 구원하실" 하나님에게 자신을 맡기셨다. 누가에 의하면, 겟세마네에서 예수님은 "애쓰면서" 무릎을 꿇고 계셨는데 (눅 22:44), 그 말은 문자적으로 "고뇌"를 뜻한다. "고뇌"는 실제로 헬라어 단어인데 영어 속으로 들어왔다. 누가만이 예수님의 고난을 묘사하면서 이 단어를 사용하는데, 그것도 십자가와 연관해서가 아니라 겟세마네의 갈등과 연관해서 사용한다.

예수님은 무엇을 위하여 기도하셨으며, "그의 경외하심을 인하여 들으심을 얻었느니라"는 무엇을 의미하는가 (7절)? 마가가 표현한 것처럼, 예수님은 이렇게 말씀하셨다, "아바, 아버지여, 이 잔을 내게서 옮기시옵소서. 그러나 나의 원대로 마옵시고 아버지의 원대로 하옵소서" (막 14:36). 이 기도는 응답되었는가? 물론 응답되었다! 7절은 "들으심을 얻었느니라"고 말한다. 어떻게? 예수님의 기도가 두 가지의 간구를 포함하였다는 것을 주목하라. 첫 번째는 육체의 구원이고, 둘째는 하나님의 지혜와 뜻에 겸손히 굴복하는 것이었다. 첫 번째의 요구는 허락되지 않았으나, 두 번째는 허락되었는데, 그 기도는 모든 것을 하나님에게 맡기는 "경외와 순종"의 마음을 담은 기도였기 때문이다.

이것은 2장 10절의 내용을 연상시키는데, 아들이라도 고난을 배제시키지 않기 때문이다. "그가 아들이시라도 받으신 고난으로 순종함을 배우셨다" (8절). 배움과 고난은 발음이 비슷한 두 단어를

적절히 배합시킨다 (*에마덴...에파덴*, "그가 배우셨고"..."그가 고
난받으셨다"). 누구든 어떤 때는 어렵게 배울 필요가 있다. 저자는
담대하게 이것을 예수님에게 적용한다. 그분이 아들인데도, 마치
고집쟁이나 되는 것처럼 어렵게 배우시지 않으면 안 되었다. 무엇
을 배우셔야 했단 말인가? 순종이었다. 십자가에서 죽기까지 (빌
2:8 참조), 더 이상은 없는 순종이었다.

저자는 아들에게도 이 모든 것이 없어서는 아니 될 것으로 본다.
"온전하게 되었은즉 자기를 순종하는 모든 자에게 영원한 구원의
근원이 되셨다" (9절). 여기에서 우리는 다시 히브리서에서만 나오
고 특이하게 사용되는 용어를 만나는데, 곧 "온전하다"이다. 당신은
이 단어가 2장 10절에서 처음 나온 것을 기억할 터인데, 그 말씀에
의하면 그리스도는 "고난으로 말미암아 온전케 되셨다." 거기에서
와 여기에서 전달하는 내용은 그리스도가 고난을 기초로 하여 우리
의 대제사장이 될 수 있도록 "완전하게 자격을 갖추게" 되셨다. 그
분은 고난의 학교를 성공적으로 통과하여 우리 구원의 "근거" 내지
"원인"이 되셨다. 그리고 그분이 쟁취하신 구원은 진정으로 "영원하
며" (6:2; 9:12, 14, 15; 13:20 참조), "자기를 순종하는 모든 자"
를 위하여 간직하셨다. 만일 그분이 아들인데도 끊임없이 순종하셨
다면, 우리는 그보다 적게 할 수 있겠는가?

저자는 이 단락을 그리스도가 대제사장이 되기 위하여 스스로 영
광을 취하시지 않았다고 시작하였는데 (5:5), 이제는 그 단락을
같은 내용으로 마친다. 그리스도는 하나님에 의하여 "멜기세덱의

반차를 좇아 대제사장"으로 분명히 지명되신 분이었다 (10절). 새
로운 질서에 따른 이와 같은 제사장 직분의 거룩한 선포는 다른 말
로 말하면 아론의 제사장이라는 옛 질서가 지나갔다는 것을 의미한
다. 멜기세덱의 반차를 따른 새로운 제사장의 질서는 히브리서의
중심 부분에서 강조되는 주제이다.

이제 지금까지 살펴본 이 고상한 단락을 반추(反芻)하면서 우리
가 끌어낼 수 있는 실제적인 교훈을 찾아보자. 결국, 이 단락이 고
상하긴 해도 깊고 신비한 신학의 일부만은 아니다. 이 단락은 인생
의 가장 어려운 문제들에 대한 해답이나 실마리를 제공할 수 있다.

1. 이 단락은 그리스도에 대하여 무엇을 가르치는가? 여기에 기
독교의 가장 장엄한 대제사장이 제시된다. 그분은 과거에 있었던
모든 대제사장보다 월등하신데, 그 까닭은 특히 우리를 온유하게
다루실 수 있기 때문이다.

이만큼 우리는 받고 또 감사한다. 그러나 그분이 육체가 되어 겟
세마네로 가신 의미를 우리는 이해하는가? 왜 그분은 완전히 깨끗
하고, 에어컨처럼 시원한 천국을 떠나 세상으로 오셨는가? 그리고
왜 그분은 동산에서 많은 고통을 당하셨는가?

모든 것에 대한 빠른 해답을 가지고 있는 현대인의 마음은 이런
질문들을 깊이 생각하지 못한다. 지상의 모든 생활 환경에 처한 예
수님에게 그것이 얼마나 어려운지를 우리가 이해하기란 결코 쉽지
않아 보인다. 너무나 종종 우리는 그분을 하나님의 아들로만 그리

면서, 모든 것이 그분에게는 평탄하며, 스케이트를 타듯 인생을 쉽게 미끄러져 나간 것처럼 생각하는 경향이 있다. 겟세마네에 있는 예수님의 초상화조차도 깨끗하게 정돈되어, 머리카락 하나까지도 이마 위에 가지런히 놓여 있는 모습을 본다.

그러나 히브리서 저자는 예수님을 다르게 본다. 저자는 가장 약한 시간에 있는 예수님을 그린다. 의도적으로, 저자는 예수님의 고난이란 냉혹한 실제를 드러낸다. 저자는 겟세마네를 가리킨다. 예수님에게 "연약에 싸여" 있는 순간이 있었다면, 그것은 바로 거기였다. 그런 고난을 통하여 예수님은 "온전하게" 되셨다.

2. 이 단락은 기도에 대하여 우리에게 무엇을 가르치는가? 이 기도는 우리가 간구하는 모든 기도가 허용되지 않는다는 사실을 명백히 가르친다. 인간적인 입장에서 볼 때, 예수님이 죽음을 피하기 위해 죽음의 잔이 당신의 입술에 닿지 않도록 기도하기란 자연스러웠다. "통곡과 눈물"로 예수님은 죽음에 대하여 고뇌하셨다. 그분이 부활을 위하여 기도하셨다고 말하는 것은 그 고뇌의 요점을 놓치는 것이다.

우리는 기도에 대하여 우리의 생각을 많이 바꿀 필요가 있다. 기도란 화재를 쉽게 피하거나, 동전이 들어가면 자동으로 상품이 떨어지도록 작동하는 기계와는 전적으로 다르지 않은가? 혹자는 이렇게 말한다: "나는 기도했고, 또 기도했으나 하나님은 듣지 않았다. 아무 응답도 없었다. 침묵뿐이었다. 하나님이 거기에 계시지 않은 것 같았다!" 그렇다. 그러나 당신은 무엇을 위해 기도했는가?

저 무서운 질병의 제거를 위해서만 기도했는가? 당신은 어두움 가운데서도 위안과 힘과 믿음의 끝을 볼 뿐 아니라, 처음부터 끝까지 모든 것을 보시며, 자녀들을 위하여 가장 좋은 것을 아시는 선한 아버지 하나님에 대한 믿음을 위해서도 기도했는가? 겸손하게, 예수님이 하신 기도, "내 원대로 마옵시고 아버지의 원대로 하옵소서"라는 기도를 하지 않으면 안 된다.

3. 이 단락은 하나님의 사랑에 대하여 우리에게 무엇을 가르치는가? 과연 하나님이 예수님을 십자가로 보내신 것은 우리를 사랑하지 않기 때문이라고 누가 믿겠는가? 하나님의 사랑은 인간적 사랑이 아니며, 하나님의 사랑은 때때로 우리가 기대하지 않은 방식으로 나타난다. 하나님은 우리를 무조건적으로 사랑하신다. 그러나 하나님은 하나님이시기에, 그분의 사랑은 거룩한 지혜를 내포한다. 예수님은 아들인데도 고난을 통과하셔야만 했다. 우리는 물론 우리의 사랑하는 자들도 죽음을 직면할 것이다. (그리스도가 그 전에 오시지 않는다면 우리도 반드시 죽음과 대면할 것이다.) 그러나 하나님은 거기에 계시며, 우리를 사랑하신다. 그리고 그리스도는 그 모든 것을 이미 경험하셨다.

> 당신은 이 세상에 속했군요, 그리스도여.
> 당신도 이 모든 것을 아시는군요;
> 당신은 우리의 저녁, 우리의 아침, 우리의 젊음과 노년을 아시는군요;
> 어떻게 달과 마음과 계절이 왔다가 가는지를 아시는군요;
> 어떻게 우리가 터덜터덜 길을 가면서 피곤해지는 줄 아시는군요.[1]

그분이 육체가 되신 것을 알기에, 그분이 모든 것을 아신다는 것을 알기에, 자비하신 대제사장이며 우리의 아름다운 구세주이신 그분께 감사하자.

질 문

1. 4장에 있는 네 가지의 "하자"를 말하고 그 의미를 말하라.

2. 4:14-16에서 다음을 설명하라: "승천하심," "믿는 도리," "나아가자," "은혜의 보좌."

3. 그리스도가 다른 인간과 똑같이 모든 면에서 시험을 받으셨다는 사실은 *당신에게* 어떤 의미를 주는가 (4:15)? 왜 히브리서 저자는 이것을 끄집어내는가?

4. 유대 대제사장의자격의 목록을 열거하고 또 토론하며 (5:1-4), 또 그 자격이 얼마나 완전하게 그리스도에게 적용되는가?

5. 그리스도의 "통곡과 눈물"은 앞의 무엇을 가리키는가? 이것은 그리스도와 그분의 제사장 직분에 대하여 무엇을 함축하는가?

6. 5:1-10을 요약하고, 여기에서 배울 수 있는 위대한 진리는 무엇인가?

---

1) George MacDonald, *Diary of an Old Soul: 366 Writings for Devotional Reflection*, devotional for November 1 (Minneapolis: Augsburg, 1975), 112.

6

권면: 성숙한 가르침에 관하여

히브리서 5:11-6:20

우리가...완전한 데 나아갈지니라.

히브리서 6:2

우리는 이제부터 히브리서의 장엄한 중간 부분(5:11-10:39)을 보게 된다. 제목은 그리스도의 대제사장 직분인데, 그것을 저자는 다음과 같이 선언한다: "하나님께 멜기세덱의 반차를 좇은 대제사장이라 칭하심을 받았느니라"(5:10). 이것이 바로 저자가 히브리서의 중간 부분을 앞에 둔 독자에게 전해 주는 주제이다. 이 주제가 얼마나 중요한가는 히브리서 전체의 약 오분의 이를 차지하는 중간 부분의 중심적 위치와 길이를 보아도 분명하다.

지금쯤 독자는 히브리서가 매우 논리적으로 배열되었으며 또 잘 조직되었다는 것을 발견했을 것이다. 5장 10절에서 히브리서 저자는 세 번째의 중요한 주제를 언급한다: **그리스도, 멜기세덱과 같은 제사장.** 앞으로 나올 것까지 포함해서 우리는 다섯 가지의 주제

가 선포되는 것을 볼 수 있다:

　　1. 그리스도, 천사들보다 뛰어나다 (1:4)
　　2. 그리스도, 자비하고 충성된 대제사장 (2:17)
　　3. 그리스도, 멜기세덱과 같은 제사장 (5:10)
　　4. 믿음의 사람들 (10:39)
　　5. 의의 평강한 열매 (12:11)

히브리서에는 놀라운 구절이 많이 있다. 독자가 이런 중요한 요절들을 암송한다면, 독자는 그 서신의 중요한 개념과 기본적인 개요를 기억할 것이다.

성경을 이해하기 위해 제일 먼저 해야 할 일은 성경을 한 번에 단락과 장으로 읽어야 되지, 절로 읽어서는 안 된다는 것이다. 히브리서의 이 중간 부분을 그것이 주는 메시지를 염두에 두고 읽고 또 읽어야 한다. 우리가 이 부분을 여러 차례 읽는다면 이 부분의 독특한 내용을 볼 수 있을 것이다. 그 내용은 다음과 같이 요약될 수 있을 것이다:

　　a. 권면: 성숙한 가르침에 관하여 (5:11-6:20)
　　b. 그리스도, 멜기세덱과 같다 (7:1-28)
　　c. 그리스도, 영원한 구원의 근거 (8:1-10:18; 5:9 참조)
　　d. 권면: 가까이 가라는 부르심 (10:19-39)

이 부분에 두드러지게 나타나는 전후의 대칭(對稱)과 놀라운 균형을 주목하라. 뿐만 아니라, 이 중간 부분이 어떻게 제사장이요 구속의 희생물인 그리스도에게 초점을 맞추고 있는지 주목하라.

"스테레오" 음식 (5:11-14)

대제사장인 그리스도라는 주제를 더 설명하기 전에 저자는 다시 독자들에게 말하면서 권면한다. 이것은 저자가 편지의 흐름을 중단하고 이제 세 번째로 권면을 삽입한다. 지금까지 나온 세 가지의 권면을 다음과 같이 요약할 수 있다:

1. 하나님의 말씀에서 흘러 떠내려 가는 것(drifting)에 대한 권면 (2:1-4).
2. 하나님의 말씀을 믿지 않는 것(disbelieving)에 대한 권면 (3:7-4:16).
3. 하나님의 말씀에 대하여 둔탁해지는 것(dullness)에 대한 권면 (5:11-6:20).

언제나 그렇듯, 항상 받들어야 할 거룩한 메시지를 가볍게 여길 수 있는 위험이 있다.

저자는 독자들만 잘 아는 것이 아니라 그들의 위험한 상황에 대해서도 안다. 앞에서 (3:12), 저자는 이런 상황을 언급하면서, 그 상황에서 독자들이 "배교"할 수 있는, 다시 말해서, 그리스도로부터 완전히 떨어져나갈 수 있다고 경고한 바 있다. 다음 부분에서 저자는 이런 배교를 다시 묘사하면서, 그것이 가져오는 돌이킬 수 없는 결과를 덧붙인다 (6:4-8). 저자가 두려워하는 것은 독자들이 믿음을 갑자기 저버리는 것이 아니라 조금씩 조금씩 떨어져나가서 영적으로 무관심해지다가 마침내 그리스도를 완전히 포기하는 것이다.

물론 "해석하기 어려우나," 멜기세덱과 같은 그리스도의 제사장 직분에 대하여 저자는 "할 말이 많다"고 한다. 오늘의 우리도 "멜기세덱"이 어려운 제목인 것을 쉽게 인정한다. (이제부터 그 이름을 "멜"이란 약자로 쓰도록 하자.) 그러나 저자는 "멜"에 대해서만 생각하지 않고, 그리스도가 어떻게 "멜"과 같은 대제사장인지에 대해 생각한다. 저자는 독자들을 보다 높은 차원에서 그리스도의 제사장 직분으로 인도하기를 원한다. 제목 자체가 깊어서가 아니라, 독자들이 "듣는 것이 둔하므로" 어려워졌기 때문이다. 그들의 문제는 그들이 "느리게 배우는 학생들"이 아니라, 세월이 흐르면서 하나님의 말씀을 듣는 자세가 미지근해진 것이다.

히브리서의 첫 번째 독자들은 상당한 기간 동안 "보다 깊은" 가르침을 받을 만큼 오랫동안 그리스도인이었다. 이것이 바로 저자가 너희가 지금은 "마땅히 선생이 될 터인데"라고 언급한 것이다. 물론 저자는 모든 독자가 선생이 될 것을 기대했다고 말하고 있는 것은 아니다. 그런 말이 아니라, 저자는 성숙하게 생각하고 행동하는 사람이란 의미에서 "선생"을 사용한다. 다른 말로 하면, 저자는 그들이 어른처럼 행동하지 않고 어린애처럼 행동하고 있다고 말한다. 그들은 "하나님의 말씀의 초보"를 전부 다시 배우지 않으면 아니 되었다. 그들은 우유를 먹을 수밖에 없었다.

반면, "단단한 식물"은 장성한 사람들을 위한 것이다. 우리는 "단단한"이란 단어를 잘 안다. 그것은 헬라어, *스테레오*라는 단어인데, 우리는 그 단어를 "입체 음향"의 의미로 사용한다. "스테레오"는 삼차원의 좋은 소리를 낸다. 마찬 가지로, 바로 이런 "스테레오" 음식을 독자들은 먹어야 한다.

어린애가 "의의 말씀"(의의 행동으로 인도하는 하나님의 말씀)을 "경험하지 못하거나" "알지도 못하는 데" 반하여, "단단한 식물은 장성한 자의 것이다"(14절). 장성한 자는 누구인가? "저희는 지각을 사용하므로 연단을 받아 선악을 분변하는 자들이다." "지각"은 보통 다섯 가지의 감각을 가리키나, 여기에서는 영적으로 감지(感知)하는 능력을 말한다. 운동 선수처럼, 누구나 실천하면서 영적 감각을 개발시킨다. 그처럼 반복해서 실천할 때 그리스도인들은 영적으로 선한 것과 악한 것을 구분할 수 있게 된다. (본문에서는 특히 선한 가르침과 악한 가르침을 의미한다.)

저자는 무엇을 말하고 있는가? 우리가 우유나 먹는 그리스도인이 되지 말라는 말인가? 정확히 말해서 그렇지 않다. 우유, 곧 복음의 기초는 새로 태어난 그리스도인들에게 없어서는 안 된다. 그러나 오늘날 얼마나 많은 그리스도인들이 처음 시작할 때의 상태로 있으면서 기초적인 진리만으로 만족하고 있는지를 생각해 볼 가치가 있다. 그들에게 그리고 최초의 독자들에게 저자는 "스테레오" 음식보다 완전하게 그리고 보다 깊게 성장시키는 하늘의 대제사장인 그리스도에 대한 환상을 제시한다.

성숙하자 (6:1-3)

다음 몇 구절, 실제로는 6장 8절까지는 앞의 구절과 직접적으로 연결된다. 1-2절에는 두 가지의 권면이 들어 있다: "버리고...그리고 나아가자." 다시 말하면, 그리스도에 속한 기초적인 가르침을 뒤로 하고 그분의 제사장 직분이라는 보다 발전된 가르침으로 나아가자. 만일 독자들이 그리스도의 제사장 직분과 구속의 희생을 진정으로 이해한다면, 그들은 결코 배교하지 않을 것이다. 그들은 단번에 그리고 영원히 결단해야 한다. 아론(그리고 그 후손들)이 대제사장인가 아니면 그리스도가 대제사장인가? 그리고 누가 죄를 위하여 실제로 희생을 했는가?

이미 다져놓은 기초를 거듭해서 다시 놓을 필요는 없다. 저자는 여섯 가지 기초 항목을 열거하면서 그것들은 더 이상 강조할 필요가 없다고 언급한다.

1. "죽은 행실"의 회개. 회개란 죄에 대하여 슬퍼하는 것보다 훨씬 깊은 것이다. 회개란 죄라는 "죽은 행실"에서 돌이키는 것이요(9:14참조), 죽음으로 인도하는 과거의 생활을 청산하는 것이다(롬 6:23 참조).

2. 하나님에 대한 믿음. 히브리서에서 믿음이란 11장에서 보여주듯이 언제나 적극적이다. 죄라는 죽음의 행실을 떠나는 것만으로는 충분하지 않다. 한 발 더 나아가 돌이켜 하나님께 대한 믿음으로 나아가야 한다.

3. 세례들. 이 용어는 복수이며 "씻음"을 일반적으로 묘사한 단어이다 (9:10; 막 7:4 참조). 유대인과 이방인의 씻음은 기독교의 세례와 구분되어야 하며, 따라서 저자는 세례라는 구체적인 용어

대신 일반적인 세례들이란 용어를 사용한다.

4. 안수. 이것은 특별히 유대인의 습관으로, 일반적으로 어떤 사람을 어떤 임무에 임명하거나 (행 6:6; 13:3), 신유 (막 5:23) 나 성령의 부여(행 8:17; 19:6)을 포함한 축복의 수여(마 9:15) 에 쓰인다.

5. 죽은 자의 부활. 예수님과 사도들은 모든 죽은 자의 부활을 가르쳤는데 (요 5:28-29; 행 4:2), 독자들도 쉽게 시인한 기본적인 진리였다.

6. 영원한 심판. 부활의 설교는 당연히 임박한 심판(행 17:31) 과 영원한 결과에 대한 설교도 포함했다.

기초적인 진리에 대한 이런 목록은 완전한 목록이 아니지만, 그래도 저자는 독자들이 보다 성숙한 가르침으로 나아가기를 소원한다. 물론 "하나님께서 허락하시면" 말이다.

배교에 대한 경고 (6:4-8)

히브리서에서 이것은 결코 첫 번째 경고는 아니지만, (10:26-31과 더불어) 가장 놀랍고 엄중하다. 이 경고는 길고도 엄숙한 문장으로 언급되는데, 이렇게 시작한다, "왜냐하면 할 수 없나니…" (개역한글판에서는 구조상 이런 동사가 뒤에 나오며, "왜냐하면"은 번역되지 않았다--역자 주). "왜냐하면"은 앞에 나오는 문장을 연결시킨다: 만일 독자들이 그리스도를 이해하는 것에서 전진하지 않는다면, 그 결과는 뒤로 후퇴하는 것이며, 십중팔구 과거의 유대교로 후퇴하다가 마침내 배교하게 될 것이다.

"할 수 없나니"(6:18; 10:4; 11:6을 보라)라는 표현은 사람에 따라 결코 회개할 수 없는 사람이 있을 수 있다는 것을 강조한다. 그러면 누가 돌이킬 수 없다는 말인가? 한 마디 한 마디 조심스럽게 저자는 그들을 묘사한다. 그들은 "한 번 비췸을 얻은" 자들로, "진리를 아는 지식을 받은 후" (10:26) 그들이 경험한 회심을 가리킨다 (10:32 참조). 그들은 "하늘의 은사를 맛보았고" 또한 "성령에 참예한 바" 되었다. "맛보았다"는 충분히 경험했다는 뜻이지, 입술로 맛만 보았다는 뜻이 아니다 (2:9 참조). 그들은 개인적으로 구원을 경험하였으며 따라서 성령을 받아들였다. 뿐만 아니라, 그들은 하나님의 선한 말씀을 "맛보았으며" 또한 "내세의 능력"을 맛보았다. "내세"는 구약성경의 입장에서 나온 표현으로, 메시야가 오시는 날을 가리킨다.

저자가 이 구절에서 그처럼 회심의 경험을 생생하게 묘사한 데는 무슨 의도가 있는가? 저자는 가정적으로 말하고 있는가, 아니면 사실적으로 말하고 있는가? 영어 성경의 표준개역본과 새국제역본은 그 뒤에 오는 말씀을 다음과 같이 조건문으로 묘사한다, "만일 그들이 그 후 배교를 하면," "만일 그들이 그 후 떨어져 나가면." 그런가 하면, 새표준개역본은 다른 번역본인 미국표준역본(ASV)과 새영어역본(NEB)과 마찬 가지로 그 경우를 사실로 언급하면서 다음과 같이 간단히 표현한다, "그 후 그들이 떨어져 나갔다." 그 구절은 조건문으로 번역하는 것도 가능하나, 여기에서는 일련의 사실적인 문장으로 보아, 모두 과거에 일어난 것으로 번역할 수 있다. 바꾸어 말하면, 저자는 다른 사람들에게 이미 일어난 사건을 서술하면서 똑같은 사건이 독자들에게도 일어날 수 있다는 경고를 하는 것 같다. 두말 할 필요도 없이, 떨어져 나가는 것이 불가능하다면 그런 경고도 전혀 필요치 않았을 것이다.

저자는 더 나아가서 배교자들의 굳어진 상태를 보여 준다: 그들은 "하나님의 아들을 다시 십자가에 못박았고" 또한 "욕을 보였다." 이런 이유 때문에 그들이 다시 회복된다는 것은 불가능하다. 그들은 "하나님의 아들"을 모독했다. 그들은 그분을 다시 십자가에 못박으면서 대중 앞에서 그분을 부끄럽게 했다. 그들은 그분을 믿지 않은 것만이 아니라, 세상 앞에서 그분을 거부했고 또 치욕스럽게 만들었다.

배교의 위험이 두 종류의 밭으로 묘사되었는데, 물론 결과는 너무나 다르다. 한 종류의 밭은 물도 잘 흡수하고 곡물을 낼 만큼 잘 갈아져서 "하나님께 복을 받는다." 다른 밭은 "가시와 엉겅퀴"를 내는 땅으로 아무 짝에도 쓸모 없다. 그 밭은 "저주에 가깝고" 또 "불사름이 될" 것이다. 그 말은 하나님의 심판이 조만간에 임한다는 뜻이다. 농부가 곡물을 생산하지 못하는 밭을 불태우는 것처럼, 배교의 결말은 피할 수 없는 멸망이다.

이 단락 전체는 암담한 장면을 그린다. 이 단락의 주제는 *배교라*는 사실을 재삼 강조할 필요가 있다. 저자는 유혹이나 인간적인 연약으로 인한 죄를 말하고 있지 않다. 베드로는 그리스도를 부인했으나, 그 죄를 회개했다. 그는 부족했으나, 떨어져나가지는 않았다. 죄를 실제적으로 범하고 용서를 구하는 것과 "의도적으로 죄를 범하여"(10:26) 하나님에게로 돌이킬 수 없을 정도로 멀리 가는 것과는 전혀 다르다. 그런 사람은 더 이상 회개할 수 없기 때문에 구원받을 수 *없다.*

우리는 이 단락이 최초의 독자에게 주는 의미도 강조하지 않을 수 없다. 만일 그들이 유대교와 기독교 사이에서 흔들린다면, 그 상황의 위험을 피할 수 없다. 그래서 저자는 그들을 낭떠러지 끝으로 데리고 와서 밑을 내려다 보고 배교자들의 무서운 종말을 보게 한다.

격려의 말씀 (6:9-12)

저자는 나중에, 특히 10장 26-31절과 12장 12-29절에서 배교의 제목을 다시 다룰 것이다. 저자가 이 제목을 이미 다루었고 또 앞으로 다시 다루겠다는 것은 이 편지의 독자들도 배교할 수 있는 가능성이 있다는 것을 분명히 말해 준다. 그럼에도 불구하고 저자는 그들의 경우 "이보다 나은 구원"을 확신한다고 여기에서 서둘러 덧붙인다. 저자가 그들을 잘 알고 있다는 것을 기억하라. 저자는 그들을 격려하기를 원한다. 특별한 방법으로 그리고 처음이자 마지막으로, 저자는 그들을 "사랑하는 자들아"라고 부른다. 저자는 하나님도 그들이 과거에 보여 준 행위와 사랑을 "잊어버리지" 아니하리라는 것을 그들에게 확신시켜 준다. "사랑"과 "행위"가 같이 가는 것을 주목하라. 사랑한다는 것은 행하는 것이다. 그들은 "성도들," 곧 하나님의 백성을 섬겼으며 지금도 여전히 섬기고 있다. "섬긴다"(디아코네오: diakoneo)는 모든 그리스도인들에게 부여된 아름답고, "사랑하면서 하는 섬김"의 전문적 용어이다 (마 25:31-40을 보라). 저자는 다른 사람들에게 그런 사랑을 보여 주는 사람은 적극적인 믿음--기껏해야 가시와 엉겅퀴를 내는 배교의 정반대인 믿음--도 어느 정도 가지고 있다는 확신을 가진다.

그러나 저자는 독자들이 계속 진보하기를 권면한다. "우리가 간절히 원하는 것은 너희 각 사람이 동일한 부지런을 나타내어 끝까지 소망의 풍성함에 이르라." "간절히 원한다"는 단어는 진지한 열망을 표현한다. 저자는 그들이 "소망의 풍성함"을 소유하기를 그토록 원한다 (10:22 참조). 그들에게는 사랑이 있다. 그들에게는 어느 정도 믿음도 있다. 그들에게 부족한 것이 있다면 그것은 소망과 확신(본문에서는 "풍성함"으로 번역됨--역자 주)이다. 그들이 유대교에 매료(魅了)되어 확신을 잃었는가? 그러면 우리는 어떠한가? 우리도 세상에 너무나 깊이 빠져서 그와 같은 "복스러운 확신"을 더 이상 갖고 있지 않지는 않는가?

히브리서 6장 12절은 5장 11절에서 시작된 부분을 끝낸다. 저자가 일찍이 독자들을 "둔하다"(노트로이: nothroi, 5:11)고 묘사한 것처럼, 이제 그는 독자들에게 "게으르지" (노트로이) 말라고 간구한다. 그 반대로, 그들은 "믿음과 오래 참음으로 말미암아 약속들을 기업으로 받는 자들을 본받는 자 되어야" 한다. 본받는다는 말은

13장 7절에서 다시 나오는데, 또 다시 믿음과 연관되어 나온다. 오래 참는 믿음을 통하여 그들은 저 빛나는 조상들처럼 (히 11 참조) 약속된 것을 꽉 붙잡아야 한다. "약속"이 언급되면서 자연스럽게 다음 단락이 소개된다.

하나님의 약속들 위에 서다 (6:13-20)

우리는 4장 1-13절에서 하나님의 안식에 대하여 일고 또 묵상한 바 있다. 그 안식은 아직도 열려 있는데, 그 이유는 그 곳에 들어갈 "약속"이 여전히 남아 있기 때문이다 (4:1). "약속"이란 단어는 명사와 동사를 포함에서 히브리서에 18회나 나오는데, 그 숫자는 신약성경의 다른 어떤 책에서보다 많은 것이다. 우리가 히브리서를 읽어나가면서 이처럼 중요한 이 단락을 주목하지 않을 수 없다. 이 단락에서 저자는 약속의 확실과 소망에 대한 분명한 근거를 마련한다. 진실로, 그리스도인은 하나님의 약속들 위에 선다. "약속하신 이는 미쁘시다" (10:23).

"약속들을 기업으로 받는" 자들 가운데 아브라함의 이름은 특출하다. "하나님이 아브라함에게 약속하실 때에 자기를 가리켜 맹세하여 가라사대, '내가 반드시 너를 복 주고…번성케 하리라' 하셨다." 하나님으로 맹세한다는 것은 가장 확고한 맹세이며, 따라서 하나님은 자기를 가리켜 맹세하셨다. 이 맹세는 아브라함이 이삭을 제물로 드릴 때 한 것인데, 아브라함의 자손이 "하늘의 별과 같고 바닷가의 모래와 같이" 많게 되리라고 하나님이 친히 약속하신 때였다 (창 22:17).

옛적에, 그것도 옛날 옛적에, 하나님은 아브라함에게 큰 민족을 이루게 해 주겠다고 약속하셨다 (창 12:2). 어떻게 그것이 가능했는가? 그에게는 아들이나 딸이 없었다. 그러나 그는 하나님을 믿고 인내를 가지고 그 약속을 기다렸다. 25년 후 이삭이 태어났고 (창 21:1-7), 여러 해 후 아브라함은 이삭을 죽음에서 돌려 받았다. 이 모든 과정을 통하여, 특히 이삭을 희생의 제물로 바칠 준비가 되었을 때, 아브라함은 "오래 참아 약속을 받았다." 이삭을 통하여 그는 하나님의 약속이 이루어지는 것을 목격하기 시작했는데, 그 약속은 보다 깊은 차원에서 그리스도가 오실 때까지는 성취되지 않았다 (11:13; 11:39-40).

인간은 종종 약속을 깨며, 그런 이유 때문에 인간은 약속을 맹세로 확증해야 한다. 그러나 하나님의 약속은 우리에게 달려 있지 않고 그분의 신실하심에 달려 있다. 하나님이 아브라함에게 말씀하셨을 때, 아브라함만을 염두에 두신 것이 아니라, 특히 "약속의 자손"도 염두에 두셨다. 여기에서 "자손"은 모든 믿음의 백성을 포함하는데, 히브리서 저자는 11장에서 그 백성들에 대해 보다 상세히 설명한다.

하나님의 말씀만으로 충분하다. 그러나 수세기를 지나는 동안 확신을 주기 위하여 하나님은 "그 일에 맹세로 보증하셨다." 하나님의 신실한 말씀과 돌이킬 수 없는 맹세—이 두 가지는 "하나님이 거짓말을 하실 수 없다"는 확증이다 (18절). 다시 말하면, 하나님은 이 두 가지로 그분의 약속을 지킬 수밖에 없는 입장이 되신다.

저자에 따르면, 그와 같이 은혜로운 확신은 놀라운 계획을 포함한다: "앞에 있는 소망을 얻으려고 피하여 가는 우리로 큰 안위를 받게 하기" 위함이다. (히브리서는 "격려의 메시지"라는 사실을 기억하라, 13:22). 그리스도인들은 "소망"(세상의 위험에서 피하여 그리스도에게 돌아간 사실을 비유적으로 사용한 용어)을 위하여 피한 사람들이다.

다른 말로 하면, 우리는 우리의 **영원한 소망**인 그리스도에게로 도피하였다. 우리는 손을 벌려 그리스도를 붙잡아야 한다. 우리는 "앞에 있는 소망"을 단단히 "붙잡아야" 한다. 여기에서 "소망"이란 히브리서에서 언제나 그렇듯 "우리가 소망하는 것"을 가리키는 것이 아니라, 소망의 대상을 분명히 가리킨다. 그것은 우리가 바라는 것, 곧 우리의 모든 기대와 소원의 목표를 가리킨다. "우리가 여기는 영구한 도성이 없고, 오직 장차 올 것을 찾는다" (13:14).

우리는 히브리서의 언어가 매우 수사학적인 사실을 이미 관찰한 바 있다. 이제 놀랍고도 영광스러운 방법으로 저자는 그리스도인의 소망의 특성을 그리기 시작한다. "우리가 이 소망이 있는 것은 영혼의 닻 같아서 튼튼하고 견고하다." 얼마나 감동을 주는 확증인가! 1세기의 핍박받는 그리스도인들에게는 물론 오늘을 사는 모든 그리스도인들에게 얼마나 큰 위로가 되는가! 소망은 우리의 삶을 위한 닻이다. 그리고 그 닻은 튼튼하고 견고하다. 왜? 왜냐하면 그 닻은 "휘장 안에 있는 성소, 곧 그리로 앞서 가신 예수님" 때문이다.

우리의 닻은 그리스도가 계신 *위를 향하여* 드리워진 것이다!

비록 닻이라는 이미지가 모든 성경 가운데 이곳에서만 나오지만, 그것은 초대 그리도인들에게는 특별한 의미를 주었다. 닻은 종종 물고기 그림과 함께 사용되었으며, 로마의 카타콤과 그리스도인들의 무덤에서 여러 차례 발견된다. 그러나 여기에서 사용된 닻의 상징이 충분히 묘사되지 않는다. 그것이 휘장 안에서 붙잡아 매는 닻이든 아니면 소망이든 그것이 갖는 의미는 같다.

"휘장"과 "안"(문자적으로는 "성소")은 9장에서 자세히 설명되며, 예수님이 "들어가셨다"는 그 장의 요절에서 상세히 묘사된다 (9:1-14). 대속죄일에 유대 대제사장은 "휘장" 안으로 들어가는데, 그 휘장은 성소와 지성소를 구분했다. 저자가 휘장 안으로 들어간다고 말한 것은 성막의 이미지를 사용하고 있는 것은 물론이고, 다시 한 번 예수님을 우리의 대제사장으로 생각하고 있는 것이다. 그분은 "하늘에 들어가셨다" (승천하셨다 4:14). 이것은 제사장의 언어이다. 그분은 "휘장 안으로 들어가셨다." 이것도 역시 대제사장의 언어이다. 결국 저자는 예수님이 휘장 안으로 들어가셨다고 말한 것은 하나님이 계신 실제의 지성소로 들어가셨다고 말한 것이다 (9: 12, 24 참조).

예수님도 천국으로 "앞서 가셨다." "앞서 갔다"는 말은 주력 부대보다 앞서 가는 "정찰병"에게 종종 사용되는 군대 용어이다. 마찬가지로 예수님은 우리가 안전하게 따라갈 수 있게 하기 위하여 우리 앞에 미리 가신 우리의 정찰병이시다. 저자가 *"우리를 위하여 앞*

서 가셨다"고 표현한 것을 주목하라. 그것은 예수님이 우리의 대제 사장으로서 단번에 희생이 되신 놀라운 죽음을 암시한다 (9-10장). 이런 표현과 더불어 저자는 5장 10절에서 선언한 주제를 다시 끄집어내는데, 곧 그리스도가 "멜기세덱의 반차를 좇아 영원히 대제사장"이 되셨다.

놀라운 기술로 저자는 독자들의 마음을 다시 그의 주제로 돌이킨다. 독자들에게 영적으로 진보하라고 촉구한 후, 그리고 진보하지 않을 경우 무서운 결과가 따를 것이라고 경고한 후, 저자는 독자들에게 구원의 길에서 전진하라고 격려한다. 하나님은 진정으로 약속하셨으며, 그분의 맹세로 그 약속을 이중적으로 확정하셨다. 그리고 보다 완전한 의미에서 아브라함이 아닌 그들이 그 약속의 후손이다. 그러나 그들에게 그 약속이 이루어지는 것은 여전히 미래이다. 무엇보다도 그들은 흔들리지 말고 그들의 소망을 붙잡지 않으면 안 되었다. 영원하신 그리스도께 닻을 내린 소망은 그들로 하여금 격렬한 폭풍 속에서도 안전하게 파도를 타고 갈 수 있게 할 것이다. 그러나 저자는 하늘의 지성소에 계신 그리스도의 제사장 사역이 없다면 그들에게 아무런 소망도 없다는 사실을 강조하기 원한다. 그리스도가 멜기세덱의 반차를 따른 제사장이라는 이 주제는 비록 그들이 한 때는 비웃었지만, 이제는 꼭 들어야 할 주제가 되었다.

질 문

1. 히브리서에 나오는 다섯 가지 "선포된 주제"를 복습하고 기억하라. 어떻게 히브리서의 중간 부분이 이 다섯 가지 주제와 연결되는가?

2. 히브리서 5:11-6:20은 하나님의 말씀에 둔해지지 말라는 권면이다. 어떻게 독자의 상황이 그런 권면을 하게 만들었는가?

3. "때가 오래므로 너희가 마땅히 선생이 될 터인데"(5:12)는 무엇을 의미하는가? "스테레오" 음식은 무엇인가?

4. 어떤 경우 때문에 저자는 배교에 대하여 논했는가? 그리스도의 제사장 직분에 대한 보다 성숙한 가르침이 어떻게 독자들을 떨어지지 않게 하는가?

5. 히브리서 저자는 독자들에 대하여 어떤 희망적인 증거들을 보는가 (6:9-12)? 어떻게 그런 증거들이 "약속을 기업으로 받게" 하는가?

6. "하나님이 거짓말을 하실 수 없는" 두 가지 확증은 무엇인가 (6:18)? 그 확증은 하나님의 약속과 어떻게 연관되는가?

7. 어떻게 소망이 "영혼의 닻"인가를 설명하라 (6:19). 어떻게 그 소망이 "휘장 안"으로 들어가는가?

7

예수, 멜기세덱과 같은 분

히브리서 7:1-28

네가 영원히 멜기세덱의 반차를 좇는 제사장이라.

히브리서 7:17

지금까지 우리는 예수님이 하나님 앞에 충성되며 인간에게 자비로운 분, 곧 참된 대제사장이신 것을 살펴보았다 (2:17). 뿐만 아니라 우리는 그리스도가 아론처럼 구약성경의 대제사장에게 요구되는 모든 구비 조건을 다 갖추신 것도 살펴보았다 (5:1-10). 그렇다면 대제사장도 둘이며, 제사장의 반차도 둘일 수 있는가? 물론 아니다! 모세의 율법에 따르면, 이스라엘은 결코 두 영적 수장(首長)을 동시에 가질 수 없었다.

최초의 독자는 물론 이것을 알고 있었다. 그러나 그들이 알지 못하는 것이 있었는데, 그것은 성경이 또 다른 반차를 좇는 제사장, 곧 멜기세덱의 제사장에 대한 것이었다 (시 110:4). (우리가 그를 "멜"이라고 부르기로 한 것을 기억하자.) 그들은 아론의 제사장 직분보다도 모든 면에서 뛰어난 멜과 같은 제사장 직분에 대하여 확

실히 이해하지 않으면 안 된다. 7-10장은 그리스도가 제사장으로
서 제공하는 것이 유대교의 여러 가지 가장 좋은 것이 제공하는 것
보다 훨씬 뛰어나다는 사실을 보여 준다. 저자는 (1) 언약, (2) 성
소 및 (3) 제사로 그의 요지를 개진(開進)한다.

솔직히 말하면, 히브리서의 바로 이 부분이 우리에게는 지루하고
학문적이다. 성소, 제사, 언약 그리고 그것에 관한 모든 것, 생각만
해도 어지럽다! 솔직히 우리는 멜에 대하여 아는 바가 별로 없다.
그리고 실제로 멜이 그리스도와 관련이 있다손 치더라도, 그것이 우
리와 무슨 상관이 있는가? 그럼에도 불구하고 우리가 염두에 두어
야 할 것이 몇 가지가 있다: (1) 제사장의 임무와 성소에 대해서 고
대 사람들은 잘 알고 있었으며, 멜도 유대의 배경을 가진 사람들에
게는 잘 알려진 인물이었다. (2) 상징과 모형은 고대 사람만을 위한
것은 아니다. 상징과 대형(對型)은 구약과 신약을 중요하게 연결하
며 동시에 그리스도 안에서 성취되는 것에 대한 거룩한 기대를 반영
한다. (3) 7-10장의 주제는 그리스도와 그분이 우리를 위하여 행하
신 것에 초점을 둔다. 독자가 이 부분을 읽고 이해한다면 독자는 반
드시 변화될 것이다. 대제사장인 그리스도는 자신을 제공하셨다--
우리의 모든 죄를 위하여 단 한 번, 위대하고도 마지막이 되는 희
생을 하셨다.

앞에서 다룬 권면 부분의 결론적인 표현(6:20)은 한 가지를 제
외하고는 저자가 5장 10절에서 선언한 주제와 같다: 그리스도가
영원히 대제사장이 되셨다. "영원히"라는 단어가 추가된 것을 주목

하라. 그런데 그 단어는 헬라어 성경의 6장 마지막에 나온다. 이 단어는 앞으로 전개될 내용을 살짝 암시하지 않는가?

우리가 7장을 한 번에 다 읽었다고 하자. 우리는 멜의 이름이 다섯 번 나온다는 것을 알 수 있으나, 그것은 중요한 문제가 아니다. 왜냐하면 멜이 강조되는 것이 아니라 그리스도가 강조되기 때문이다. 또 한편 우리는 그 장 전체에 흐르는 하나의 중요한 개념을 발견할 터인데, 그것은 그리스도의 대제사장 직분이 *영원하다*는 것이다. 저자가 그리스도를 언급하면서 여러 가지 방법으로 이 사실을 드러내는 것을 찾아보라. "그는 항상 제사장으로 있느니라"(3절). "(그는) 오직 무궁한 생명의 능력을 좇아 되었느니라"(16절). "네가 영원히…제사장이라"(17절; 21절; 8절 참조). "예수는 영원히 계시므로…"(24절). "그 제사 직분도 갈리지 아니하노라"(24절). "그는…온전히 (영원히) 구원하실 수 있으니…"(25절). "그가 항상 살아서 저희를 위하여 간구하심이니라"(25절). "…맹세의 말씀은 영원히 온전케 되신 아들을 세우셨느니라"(28절).

그러므로 7장의 중요한 흐름은 아주 명백하다. 그러면 이제부터 어떻게 저자가 그런 사고를 전개하면서 독특하고도 영원한 그리스도의 제사장 직분을 강조하는지 알아보자.

멜기세덱과 아브라함 (7:1-10)

제 7장의 첫 번째 주된 부분은 1-10절인데, 다음과 같은 중요한 단어가 반복된다:

> 이 멜기세덱은...아브라함을 만나. (1절)
> 이는 멜기세덱이 아브라함을 만날 때에. (10절)

이처럼 중요한 단어들은 이 단락을 독립된 단락으로 구분하며 동시에 아브라함과 멜의 중요한 만남에 주의를 집중하게 한다.

구약성경에서 멜을 언급하는 단락은 둘 밖에 없다. 그 중 하나는 우리가 이미 언급한 대로 간단한 왕에 대한 시편, 곧 시편 110편인데, 이 장의 마지막 부분에서 보다 더 깊이 강해할 것이다. 또 하나는 창세기 14장 18-20절인데, 히브리서 저자는 이제 그 부분을 복습하고 또 설명한다.

"이 멜기세덱은 살렘 왕이요 지극히 높으신 하나님의 제사장이라; 여러 임금을 쳐서 죽이고 돌아오는 아브라함을 만나 복을 빈 자라; 아브라함이 일체 십분의 일을 그에게 나눠 주니라" (1-2절). 이것은 3절까지 계속되는 하나의 긴 문장 가운데 일부이다. 그 문장을 한꺼번에 읽으면 주된 사고의 흐름은 이것이다, "멜기세덱이 ...항상 제사장으로 있느니라." 6장의 마지막 결론과 내용이 같은 사실을 주목하라.

> 멜은 항상 제사장으로 있느니라. (7:1-3)
> 그리스도는 영원히 제사장이니라. (6:20)

다시 6장 마지막으로 돌아가 보면, 그리스도가 천국에 들어가셨고 거기에서 우리의 영원한 대제사장으로 계신다. 멜은 이것을 설명하는 이상적인 모형이다.

시간을 내어 창세기 14장을 읽어보면, 아브라함이 싸움에서 네 왕을 패배시키는 이야기를 접한다. 그 후 멜은 아브라함을 만나 복을 빌어 주었다. 승리의 전리품(戰利品)을 가득히 가져오던 아브라함은 그 중 십분의 일을 멜에게 바쳤다.

그런데 멜은 과연 누구인가? 그는 "살렘 왕이었으며," 그의 이름은 "의의 왕"이란 뜻이었다. 그뿐 아니라, 멜은 "아비도 없고 어미도 없고 족보도 없었으며," "시작한 날도 날도 없고 생명의 끝도 없었다." 무엇보다도 멜은 "하나님의 아들과 같았으며," "항상 제사장으로 있었다."

이런 모든 묘사를 통하여 명시적인 것과 암시적인 것을 저자의 특성에 따라 드러낸다.

1. 멜은 제사장이었는데, 그리스도도 역시 그렇다. 창세기는 멜을 "지극히 높으신 하나님의 제사장"이라고 하여 최대의 높임말을 썼다. 제사장인 멜은 아브라함을 축복했고, 아브라함은 멜을 제사장으로 인정하면서 모든 것의 십일조를 바쳤다.

2. 멜은 왕이었는데, 그리스도도 역시 그렇다. 제사장이며 동시에 왕인 멜은 왕이며 제사장이신 그리스도를 예시(豫示)하였다. 저자가 보여준 대로, 이것이 시편 110편의 핵심이다. 메시야는 하나님 우편에 "앉아야" 했다. (시편 110편 10절에서 이것은 왕에게 적용되는 표현이다). 메시야가 "영원한 제사장"이라고 불린 것은 제사장에게 적용되는 표현이다.

3. 멜은 의와 평강이었는데, 그리스도도 역시 그렇다. 히브리어

로 "멜기세덱"은 "의의 왕"이란 뜻이다. 또한, 멜은 "살렘"(십중팔구 예루살렘을 가리킴)의 왕인데, 이것은 "평강의 왕"을 뜻한다. 이런 용어들을 말장난으로만 생각해서는 안 된다. 유대인 독자에게 이름은 중요했다. 이름은 그들이 어떤 종류의 사람이며 어디에 속했는지를 나타냈다. 이런 것을 통하여 우리는 제사장이며 왕인 멜이 진정으로 **의의 왕**이며 **평강의 왕**이신 메시야를 가리킴을 알 수 있다 (시 72:7; 사 9:6-7; 롬 5:1 참조).

4. 멜은 족보가 없는 제사장이었는데, 그리스도 역시 그렇다. 멜은 다음과 같은 세 가지 신중한 단어로 묘사된다--"아비도 없고," "어미도 없고," "족보도 없다." 이것은 무엇을 의미하는가? 물론 멜이 문자적으로 아비나 어미가 없다는 뜻은 아니다. 멜은 실제의 인간이요, 실제의 제사장이요, 실제의 도성을 다스리는 실제의 왕이었다. 만일 우리가 그 용어들을 살짝 다르게 번역한다고 해 보자--"아버지를 모르는," "어머니를 모르는," "족보를 모르는." 창세기에는 많은 족보가 나오나, 멜은 "아비나 어미 없이" 갑자기 등장한 인물 같다. 그는 제사장이었으나 결코 가정의 배경을 근거로 된 제사장은 아니었다. 어떻게 이것이 이 상황에 잘 들어맞는지 주목하라. 몇 구절 뒤에서 멜은 족보를 가진 레위 제사장과 대조된다. "레위 족보에 들지 않은" 멜의 제사장 직분(6절)은 그 부모 때문에 된 것이 아니라, 자신 때문에 된 것이었다. 이런 점에서 멜은 다시 제사장인 그리스도를 예증(例證)한다.

5. 멜의 제사장 직분은 영원하였는데, 그리스도의 직분도 역시

그렇다. 창세기는 멜이 언제 제사장 직분을 시작했으며 또 언제 그만 두었는지 언급하지 않는다. 창세기는 그의 출생과 죽음에 대하여 언급하지 않는다. 저자에 따르면, 이런 의미에서 멜은 "시작한 날도 없고 생명의 끝도 없었다." 그리고 그리스도가 영원 전부터 계신 분인데 반하여 멜은 그렇지 않기 때문에, 멜은 실제로 "하나님의 아들을 닮았다."

이 구절들이 적절히 이해되기만 하면, 멜을 손에 잡히지 않는 어떤 신비의 인물로 만들 필요가 없다는 것을 강조하고 싶다. 과거 여러 세기에 걸쳐서 멜은 많은 추측을 일으킨 인물인 것도 사실이다. 한 예를 들면, 사해 사본은 멜을 하나님의 적을 심판하는 모종의 하늘의 존재로 그린다. 히브리서 저자와 독자는 공히 그런 관점에 대해 모르고 있지 않은 것 같았다. 그런 이유 때문에 저자는 다음과 같은 말을 하는 것 같다: "우리는 멜에 대하여 많은 연구가 진행되고 있다는 사실을 안다. 그러나 당신이 성경을 세심하게 보면, 멜이 대제사장인 그리스도를 가리키고 있다는 것을 보게 될 것이다."

저자는 다음 구절에서 (4-10절) 어떻게 멜이 아브라함보다 뛰어난가를 보여 준다. 왜 이것을 보여 주는가? 만일 멜이 아브라함보다 높은 지위에 있다면, 그의 제사장 직분은 아브라함에게 속한 어떤 제사장들보다 높을 수밖에 없다는 것을 시사하기 때문이다. 그런 주장은 다음과 같은 네 가지 사실로 요약될 수 있다.

1. 멜이 뛰어난 것은 아브라함이 그에게 십일조를 바친 것을 보

아서 분명하다. "이 사람이 어떻게 높은 것을 생각하라!" 멜을 이처럼 강조해서 그렸다는 것은 그 안에 배워야 할 교훈이 있다는 것을 말해 준다. "조상인 아브라함"조차도 노략물 중 십일조를 드렸다.

저자는 갑자기 레위 지파를 언급하는데, 그 이유는 궁극적으로 멜의 제사장 직분을 레위의 제사장 직분과 대조하기를 원하기 때문이다. 아브라함의 후손인 레위 제사장들도 "율법을 좇아…자기 형제에게서 십분의 일을 취하라는 명령을 가졌다." 다른 말로 해서, 십일조는 율법에 있기에 행해졌다 (민 18:21-24); 그리고 레위인들은 형제들로부터 십일조를 받았다. 그러나 멜의 경우 형제들에게서 십일조를 받은 것이 아니라 저 위대한 아브라함에게서 받았다. 그뿐 아니라, 아브라함이 멜에게 십일조를 바친 것은 의무감 때문에 한 것이 아니라 자원해서 한 것이다. 결국 아브라함의 행위를 보면 멜의 제사장 직분은 레위의 제사장 직분과는 차원이 전혀 달랐다.

2. 멜이 뛰어난 것은 그가 "약속 얻은 자를 위하여 복을 빌었기" 때문이다. 약속을 받은 아브라함과 율법을 가진 레위인들을 간접적으로 대비(對比)하고 있다는 것을 주목하라. "폐일언하고" 높은 자가 낮은 자를 위하여 복을 빌어 준다는 것은 너무나 자명(自明)하다. ("주님을 축복하라"도 예외가 아닌데, 왜냐하면 그런 표현에서 "축복하다"는 "감사하다," "찬양하다"의 의미가 있기 때문이다.)

3. 멜이 뛰어난 것은 그가 죽지 않기 때문이다. 레위 제사장들은 십일조를 받으나 결국 죽음을 피할 수 없다. 그러나 멜은 불멸(不

滅)의 생명을 가지고 있다. 창세기는 멜의 죽음에 대하여 전혀 언급하고 있지 않기에, 그런 의미에서 성경에서 "그가 산다고 증거를 얻었다."

4. 멜이 뛰어난 것은 레위도 그에게 십일조를 바쳤기 때문이다. 이 사실은 비유적으로 언급된다. 레위는 아브라함의 증손자였다. 그러므로 레위는 멜이 아브라함을 만났을 때 그의 몸 안에 (성경 그대로는 "허리에") 있었다. 그렇다면, 레위도 멜에게 십일조를 바친 셈이며 결과적으로 그의 제사장 직분이 멜의 직분보다 못했음을 시인한 셈이었다.

옛 제사장 직분의 무익(無益) (7:11-19)

"온전함"과 "온전케 하다"와 같은 단어가 이 부분에서 열쇠 노릇을 한다: "레위 계통의 제사 직분으로 말미암아 온전함을 얻을 수 있었으면…" (11절). "율법은 아무 것도 온전케 못할지라" (19절). 이 부분의 처음 시작과 끝나는 묘사에서 분명히 언급된 것처럼 주된 사상은 율법이 온전케 할 수 있는 것은 아무 것도 없었다. 우리는 이미 2장 10절과 5장 9절에서 "온전함"이란 단어에 대하여 논한 바 있었다. 이미 살펴본 대로, 그 단어가 "제사장"과 연루된 의미를 인식하지 않으면, 히브리서에 나오는 그 뜻을 이해할 수 없다. 앞에서는 그 단어가 그리스도를 묘사하면서 사용되었으나, 여기에서는 그 백성을 가리키면서 사용된다. 제사장이 하나님 앞에 나오기 위하여 "온전케 되지" 않으면 안 되는 것처럼, 하나님의 백성을 "온전케 해서" 그분과 올바른 관계를 맺게 하지 않으면 안 되었다. 그러나 율법은 결단코 그런 역할을 할 수 없었다. 율법이 비참할 정도로 충분치 못한 이유는 그 율법이 죄를 위하여 실제로 희생을 드리지 않았기 때문이다 (9:9; 10:4).

우리는 모세의 율법이 제사장의 직분도 포함하고 있다고 생각할 수 있으나, 히브리서 저자는 정반대로 생각한다. 저자에게 제사장 직분은 모든 것의 근본이었다. 율법은 제사장 없이 기능을 발휘할 수 없었다. 그러므로 만일 "제사장 직분의 변역"이 일어나면, "율법도 반드시 변역되어야" 한다 (12절). 어떤 율법이 변해야 하는가? 구체적으로 말한다면, 본문을 통해 볼 때 제사장 직분에 관한 율법이다. 그 다음 구절을 읽어보라. "이것은 한 사람도 제단 일을 받들지 않는 다른 지파에 속한 자"--시편 110편의 예수님--"를 가리켜 말한 것이라."

"우리 주께서 유다로 좇아 나신 것이 분명하도다"라는 말은 마태와 누가의 족보에 기록된 대로 세상에 알려진 사실이었다 (14절). 그리고 모세가 그 지파에게 제사장의 임무를 맡기지 않은 것도 역시 잘 알려진 사실이었다. 이 말은 예수님이 결코 이 세상의 대제사장이 되실 수 없었다는 것을 뜻한다. 만일 예수님이 제사장이 되시려면, 다른 반차(혹은 서열)에서 되실 수밖에 없다.

이것이 바로 시편 110편의 핵심 메시지인데, 그 시편은 멜과 같은 사람이 "영원한" 제사장이 된다고 약속하고 있다. 이 약속은 레위 지파에 속한 제사장에게는 적용될 수 없다. 왜냐하면 그들은 모두 죽었기 때문이다. 멜도 문자 그대로 영원한 제사장일 수 없었는데, 그도 한 인간으로서 역시 죽었기 때문이다. 오직 한 분만이 "오직 무궁한 생명의 능력을 좇아" 제사장이 "된 것이었다" (그리고 현재까지 존재하신다, 16절). 사망이 그분을 붙잡을 수 없었다 (행 2:24 참조). 하늘에 올라 하나님 우편에 있는 예수님의 천상(天上)의 생명과 천상의 제사장 직분은 영원한 것이다.

레위 제사장 직분의 무익에 관한 이 부분은 이제 다음과 같은 소극적/적극적 결과를 언급하면서 결론을 맺는다: "전엣 계명이 연약하며 무익하므로 폐한다" (18절). 분문에서 "전엣 계명"은 가문에 따라 제사장이 되는 율법을 가리킨다 (16절).

이 전엣 계명에 대하여 구체적으로 지적된 것이 세 가지이다.

1. 그것은 연약했다. 레위 지파를 제사장으로 만드는 모든 규율이 성취한 것은 너무나 한계가 있었다. 그 계명의 "연약"과 그리스도의 "무궁한 생명"(16절)을 대조해 보라.

2. 그것은 무익했다. 얼마나 강한 표현인가! 얼른 떠오르는 생각은 왜 하나님이 "무익한" 것을 일구셨을까 하는 것이다. 다시, 우리는 그 의미를 본문에서 보아야 한다. 레위 지파의 제사장은 우리가 기대한 제사장의 역할을 결코 이루지 못했다. 대속죄일에 대제사장이 하나님 앞으로 들어갈 때, 백성은 밖에 서 있어야 했다. 레위 지파가 주관하는 예식에서는 언제나 그랬다. 항상 백성은 밖에 서 있어야 했다. 사실 레위의 율법은 비록 그것이 화려하고 요란하나 "아무 것도 온전케 못했다" (19절). 그 율법은 어떤 사람도 하나님 앞

에 나아와 예배드리게 하지 못했다.

3. 그것은 폐해졌다. 율법은 연약하고 무익하므로 그 목적을 이루지 못했기 때문에 제사장에 관한 율법은 "폐해질" 수밖에 없었다. 여기에서 "폐해지다"는 법적인 용어로 제사장에 관한 율법에 관련된 것을 적절하게 사용한 용어이다. 그 단어는 "취하하다," "무효로 하다" 등의 의미로, 법령을 무효로 하거나 채무를 변제할 때 쓰인다. 히브리서 저자는 주저하지 않고 레위의 법이 취소되었다고 말한다. 그 법은 낡았으며, 쓸모 없으며, 끝났다! 그 법은 말소(抹消)되어 버렸다!

그리스도의 영원한 제사장 직분은 멜의 직분처럼 한편 소극적으로 말해서 옛 제사장 직분을 무효화했다. 또 한편 적극적으로 말해서 그 직분은 "더 좋은 소망을 주어, 이것으로 우리가 하나님께 가까이 가게" 한다 (19절). "전엣 계명"과 "더 좋은 소망"은 서로 떨어져 있는 두 기둥과 같다. 그리스도는 더 좋은 율법이나 더 좋은 계명이 아니라 더 좋은 소망을 가져온 분이다. 소망은 히브리서 전체를 통하여 밝게 비난다 (3:6; 6:11, 18; 10:23; 11:1 참조). 예수 그리스도는 제사장에 관한 율법이 할 수 없던 것을 우리에게 부어 주셨다. 우리는 더 이상 멀리 서 있을 필요가 없다. 우리는 그분을 통하여 "하나님께 가까이 갈" 수 있다.

새 제사장 직분의 우월 (7:20-28)

이 단락, 곧 20-28절은 이 장의 마지막 부분이다. 이 부분에서는 어떤 중요한 흐름이 있는지 알아보도록 하자. 21절과 28절에 거듭 언급된 "맹세"란 단어를 주목하자. 그것은 이 단락에 들어 있는 중요한 흐름을 알려 주는 중요한 단어이다. 그리스도는 *맹세로* 우리의 대제사장이 되셨다.

지금까지 저자는 줄곧 시편 110편을 인용하였다. 엄격한 의미에서 이 시편은 "신탁"(神託), 곧 하나님으로부터 직접 온 메시지이다. 이 시편은 매우 의미 있는 표현, 곧 "여호와께서 말씀하시기를"로 시작한다. "말씀하신다"는 단어는 특별한 것으로, "성령으로 감동된 말씀"을 가리킨다. 그러므로 하나님으로부터 특별한 방법으로 주어진 이 시편은 저자가 그리스도를 왕이요 제사장이라고 증명하기 위하여 인용한 시편이다.

이미 앞에서 살펴본 것처럼, 하나님은 아브라함과의 언약을 맹세로 확인하셨다 (6:13-17). 이제, 시편 110편의 말씀에 따르면, 하나님이 그 아들에게 말씀하신다: "주께서는 맹세하시고 뉘우치지 아니하시리니, 네가 영원히 제사장이라" (21절). 하나님은 레위들에게는 이런 맹세를 하신 적이 없으셨다. 그들은 맹세 없이 된 제사장이었다. 그런 이유 때문에 예수님의 제사장 직분은 뛰어나며 동시에 영원히 지속될 것이다.

뿐만 아니라 하나님의 맹세는 예수님으로 "더 좋은 언약의 보증"이 되게 하신다. 여기에서 처음으로 우리는 "언약"이라는 단어를 만나며, 다음 몇 장에서 우리는 그 언약이 얼마나 "더 좋은지"를 볼 것이다. 여기에서는 더 나은 언약이 특히 죄를 다루고 있다는 사실로 만족하자. 하나님은 우리의 죄를 다시는 기억지 않겠다고 말씀하신다. 얼마나 놀라운가! 그러나 그것을 우리는 어떻게 확신할 수 있는가? 그리스도 자신이 더 좋은 언약의 "보증"이요 "담보"이시다. 그리스도는 언약의 제반 조건들이 충분히 채워질 것을 인격적으로 보증하시는 분이시다.

그리고 더 있다. "저희 제사장 된 자의 수효가 많은 것은…그〔그리스도〕의 제사 직분도 갈리지 아니하나니" (23-24절). "많다"는 것은 끊임 없는 무능을 암시한다. 구약성경의 제사장은 차례로 죽었다. 유대의 역사가인 요셉푸스(Josephus)에 의하면, 아론으로부터 주후 70년 성전 파괴에 이를 때까지 대제자장이 83명이 있었다.

대조적으로 그리스도는 영원히 사신다. 그분은 제사장 직분을 다른 사람에게 물려 줄 필요가 전혀 없을 것이다. 다른 말로 하면, 그리스도는 "자기를 힘입어 하나님께 나아가는 자들을 온전히 구원하실 수 있다" (25절). 그리스도는 "온전히" 혹은 "항상" 혹은 "끝까지" 구원하신다. 누구를 구원하신다는 말인가? 하나님에게 "나아가는" 자들이다. 우리가 원하기만 하면 그분은 구원하실 수 있다. 어떻게 구원하신다는 말인가? "그가 항상 살아서 저희를 위하여 간구하신다"는 의미에서이다. 그리스도는 "하나님의 우편에서" 우리를 위하여 호소하신다 (롬 8:34; 요일 2:1 참조). 하늘에서도 그분은 우리를 위하여 사신다.

나머지 구절은 요약하고, 전진하며, 동시에 장엄하신 그리스도를 놀랍게 찬양한다. "이러한 대제사장은 우리에게 합당하다" 〔2:

10에 나오는 단어와 같다]. 다시 말해서, 그리스도는 우리의 필요를 완전하게 채워주신다. 그분은 죄 없는, 다시 말해서, "거룩하고, 악이 없고, 더러움이 없으시다." 그분은 이제 영광스러운 삶을 영위하신다--"죄인에게서 떠나 계시고, 하늘보다 높이 되신 자라." 이런 묘사는 그리스도가 하나님의 존전(尊前) 앞에 계시다는 것을 그렇게 돌려 말한 것이다 (4:14 참조). 거기에서--그 장소에서이지 그 성품에서가 아니다--그분은 죄인들로부터 성별되어 있다.

그리스도는 완전한 제사장일 뿐 아니라, 완전한 제물이기도 하다. 과거의 모든 대제사장은 "날마다 제사를 드려야" 했다 (27절). 대속죄일에 유대인 대제사장은 먼저 자신과 가족을 위하여, 그리고 나서 백성을 위하여 제물을 바쳐야 했다 (9:6-7; 레 16:6-34 참조). 그뿐 아니라 제사장은 매일 제물을 바쳤다. 그런데 여기에서 "날마다"라는 말은 대제사장이 대속죄일 기간 동안 매일 드리는 것을 의미할 수도 있다. 그러나 그리스도는 얼마나 다르신가. 그분은 완전한 제물을 단 한 번--"단번에 자기를 드리셨다."

지금까지 살펴본 11-27절의 요지(要旨)를 다시 언급하면서 28절은 끝을 맺는다. 다시, 다음에 있는 뚜렷한 차이를 주목하라: (1) "율법"과 "맹세의 말씀"; (2) "사람들"과 "아들"; (3) "연약에 있는" 레위 대제사장들과 "온전케 되신" 아들이신 대제사장. 레위 제사장에 대한 모든 율법을 아주 적절하게 묘사하는 용어는 "연약"이다 (19절; 5:2 참조). 그러나 아들은 죄라는 연약을 결코 알지 못하기 때문에 십자가로 가셨고 따라서 우리를 위한 대제사장으로 충분히 자격을 갖추셨다--"영원히 온전케 되었다."

다시 난해한 이 장을 다시 돌아보자. 세 사람 내지 그룹이 눈에 띤다.

1. 멜기세덱. 성경에 기록된 가장 오래 된 제사장인 멜(창 14장)은 모든 제사장에게 이상형이다. 혈과 육과 상관없이 된 그의 제사장 직분은 하나님 아들의 직분과 같다. 그리고 최초의 독자들이 아브라함과 멜 중에 어떤 제사장이 뛰어나느냐고 묻는다면, 성경이 그에 대한 해답을 준다. 본 장은 멜이 아브라함보다 그리고 그의 증손자인 레위보다 뛰어난 사실을 보여 준다.

2. 레위 지파의 제사장들. 오, 저들의 많은 제물이 그 목적을 달성했더라면 얼마나 좋았겠는가! 제사장에 관한 율법의 목적이 무엇이든 상관없이 궁극적으로는 실패했다. 마치 낡은 자동차를 타고 당신이 동네로 몰고 다닐 수 있어도 세상으로 몰고 다닐 수는 없는 것과 같다. 다른 종류의 자동차가 절대로 필요하다. 제사장의 경우 오직 한 사람만이 성공하고 그리고 우리를 하나님의 존전으로 인도하신다.

3. 예수님. 7장의 주제가 멜이 아니라 그리스도임을 잊지 말라. 멜은 그리스도를 예시하기 위해서 존재하고 그 후에는 조용히 사라진다. 28-29절은 본 장의 절정이며, 여기에서 "예수님"이란 이름이 처음 나온다. "예수님은 더 좋은 언약의 보증이 되셨느니라" (7:22). 예수님은 그분의 "무궁한 생명" 때문에 이 언약을 절대적으로 보

증하실 수 있다 (16절). 그분은 "항상 살아 계신다" (25절). 특히 죄의 용서를 제시하는 새로운 언약은 그분이 존재하는 한 존재할 것이다. 그분이 결코 죽지 않으실 터이므로, 아무도 그분을 대신하여 제사장이 될 수 없음으로, 그분은 우리 각자를 위하여 저기 하늘에 항상 계실 것이다.

그리고 예수님은 다른 사람들처럼 연약하지 않으시다. 당신이 이 세상의 어떤 제사장에게 간다면, 그는 그의 문제를 하나님에게 먼저 고한 후에야 당신을 대할 수 있을 것이다. 그러나 "거룩하고, 악이 없고, 더러움이 없는" 그분은 그렇지 않다. 인격에서도 그분은 우리와 다르다. 제물로 그분은 우리를 위하여 "단번에" 죽으셨다 (27절). "그분은 자기를 드리셨다," "그분은 자기를 드리셨다." "그분은 자기를 드리셨다"--이것이 바로 다음 장들에 후렴처럼 나오는 표현이다.

"아름다운 구세주!"

질 문

1. 왜 그리스도가 멜기세덱과 같은 제사장이라는 사실이 우리에게 중요한 제목인가?

2. 7장의 주된 사상은 무엇인가? 그 장에서 그 사상을 찾아보라. 그리고 그것을 표현한 구절들을 적어보라.

3. 그리스도의 제사장 직분과 멜기세덱의 직분과 비슷한 점들을 적
   어보라. 어떤 의미에서 멜기세덱은 "아비도 없고 어미도 없는"
   제사장인가 (7:3)?

4. 그리스도는 어떤 지파에 속하셨는가? 이것은 그분의 제사장 직분
   에 대하여 무엇을 함축하는가 (8:4 참조). 7:11-14은 서로 어떻
   게 연결되어 있는가?

5. 폐지된 "전엣 계명"은 무엇인가 (7:18)? 그 계명은 무엇과 대조되
   는가?

6. 어떤 의미에서 그리스도는 "더 좋은 언약"을 보증하시는가
   (7:22)?

8

예수, 보다 좋은 사역, 보다 좋은 언약

히브리서 8:1-13

예수님이 직분을 얻으셨으니
이는 더 좋은 약속으로 세우신 더 좋은 언약의 중보시라.

히브리서 8:6

우리가 8장에 이르면서 맨 먼저 주목하는 것은 이 장이 7장보다 훨씬 짧다는 것이다. 실제로, 7장은 10장 18절에서 끝나는 제법 긴 부분의 시작이다. 포괄적으로, 5-7장은 "대제사장"인 그리스도라는 인물을 다룬다; 8-10장은 "대제사장"인 그리스도의 사역에 초점을 맞춘다.

그러나 이 사역은 무엇인가? 어떻게 그리고 어디에서 이 사역이 이루어지는가? 이런 질문들에 대답하기 위하여 우리는 조용히 앉아서 저자의 설명을 들어야 한다. 아니다, 저자는 "설명"만 하지 않는다. 그렇다, 저자는 단순히 "설명으로만" 끝내지 않는다. 그는 전심전력하여 그리스도가 죄를 위하여 자신을 영단번에 희생하신 것

--어떻게 아들이 "영원히 온전케 되셨는지" (7:28)--을 개선가를 부르며 제시한다.

하늘의 사역 (8:1-6)

이 새로운 단락은 요약처럼 보이게 시작한다: "이제 하는 말의 중요한 것은...." 그러나 히브리서 저자는 간단하게 요약할 뿐이다: "이러한 대제사장이 우리에게 있는 것이라." 그가 하늘에서 하나님의 보좌 "우편에 앉으셨느니라." 그리고 나서 저자는 계속해서 그리스도에 대하여 묘사하면서 새로운 주제를 다음과 같이 소개한다-- 하늘에 계신 이 그리스도는 하늘에서 제사장의 임무를 수행하신다. 다시 말하면, 그리스도는 인간이 세우지 않고 주님이 세우신 참 지성소 안의 "참 장막에 부리는 자라 (제사장의 직분을 행하는 자라). 이처럼 저자는 8장 1-2절에서 요약이자 동시에 새로운 개념을 소개한다. 그리고 실제로 이 소개는 저자의 핵심적인 주제이기도 하다. 그리고 이 주제는 그리스도가 하늘, 곧 하나님 앞에 있는 유일무이(唯一無二)한 곳에 계신 참 제사장이라는 것이다. 여기에서는 소개문처럼 간단히 언급되고 말지만, 앞으로 9장에 있는 두 숭고한 단락에서 자세히 다룰 것이다 (11-14절, 23-28절).

대제사장의 주된 기능은 죄를 위하여 제물을 드리는 것이다 (5:1 참조). 예수님이 지극히 높으신 대제사장이시기에 그분도 역시 "무슨 드릴 것이 있어야" 했다고 저자는 논한다 (3절). "무슨 드릴 것"이 구체적으로 무엇인가에 대해서 저자는 당장 언급하지 않는다. 저자는 독자들이 그 뜻을 잠시 생각해 보기를 원하는 것처럼 저술한다--물론 저자는 그것에 대하여 이미 언급한 바 있지만 (7:27), 그리고 앞으로 아주 상세하게 설명할 것이지만. 현재로서는 저자가 원하는 것은 독자들이 그리스도가 드린 희생을 묵상하는 것이다.

물론, 그 희생은 실제로 이미 드려졌다. 역사적으로 그것은 이미 세상에서 이루어진, 다시 말해서 과거에 끝난 일이며, 그런 이유로 그리스도는 하늘에 앉으신 것이다. 그러나 영적으로 말해서, 제사장이라는 상징과 영원이라는 안목에서 보면, 비록 그리스도가 세상에서 죽었으나 그 희생은 하늘에서 이루어진 것이다. 세상에서 그리스도는 제사장이 아니었다. 그분은 올바른 지파에 속하지 않았다 (7:13-14). 뿐만 아니라, 세상에서는 빈 자리가 없었는데, 그 이유는 레위 제사장들이 "율법을 좇아 예물"을 여전히 드리고 있었기 때문이었다 (4절).

우리가 이미 살펴본 대로 7장은 그리스도와 레위를 대조한 것이었다. 그 대조는 계속된다. 그리스도는 앉아 계시나; 레위는 서 있다. 그리스도는 하늘에 있는 참 장막에서 섬기신다. 레위는 "하늘에 있는 것의 모형과 그림자"에 불과한 세상의 장막에서 섬긴다. "모형"과 "그림자"란 용어들은 결국 하나인데, 하늘의 실제를 제안하거나 희미한 복제품에 불과하다. 그런데도, 그 불완전한 복제품에 관한 모든 것도 시내산에서 모세에게 보여 준 "본을 좇아" 되었다.

우리는 저자가 독자들 앞에서 제기하고 있는 것을 염두에 두지 않으면 안 된다. 유대인들은 그들의 성전 안에서 너무나 기뻐하였다. 팔레스타인 안에 살든 밖에 살든 경건한 유대인들에게는 예루살렘으로 가서 그토록 황홀한 성전과 모든 아름다운 돌들과 웅장한 건물과 신성한 뜰을 보는 것은 그들의 생애에서 어떤 것과도 비교할 수 없는 큰 특권이었다. 그러나 저자가 강조하면서 선언하고 있는 것은 그것보다 더 아름다운 것이 있다는 것이다. 그것이 무엇이란 말인가? 그것은 참 장막, 곧 하나님 우편에 앉아 계신 그리스도이다! 광야의 성막과 예루살렘의 성전은 모두 하늘에 있는 장막의 희미한 그림자에 불과했다.

그러므로 땅에 있는 성막과 하늘에 있는 성막 사이에는 너무나 큰 차이가 있다. 이제 저자는 이 단락의 결론이자 동시에 다음 단락의 소개이기도 한 묘사를 한다: "이제 그가 더 아름다운 직분을 얻으셨으니, 이는 더 좋은 약속으로 세우신 더 좋은 언약의 중보시라" (6절). "직분"이란 단어는 2절에 나오는 "부리다"와 같은 의미로 쓰인다; 둘 다 우리의 하늘의 제사장이신 그리스도의 사역을 가리킨다. 그런데 그 묘사는 "더 좋은"으로 표현되며, 그것은 히브리서에서는 의미심장하다. 그리스도는 천사들보다 "얼마나 더 뛰어난지" 모른다 (1:4). 그리스도의 언약과 사역은 옛 것보다 "더 아름답다" (8:6). 그리스도가 드린 피는 염소와 황소의 피보다 "훨씬 더 뛰어나다" (9:13-14). 예수님의 피는 아벨의 피보다 "더 낫게" 말한다 (12:24).

그런데 그리스도의 뛰어난 제사장 직분과 더 아름다운 언약은 서로 다른 수준으로 비교된다. 전자(前者)는 필연적으로 후자(候者)를 필요로 하는데, 그 이유는 더 좋은 직분은 더 아름다운 언약 위에 이루어지기 때문이다. 실제로 직분자는 중보자이다. 그리스도는 우리의 대제사장이신 직분자이시며 동시에 하나님의 중보자이시다.

일반적으로, 중보자는 중간에 서 있는 중개인으로서 계약하기를 원하는 양측을 연결하는 사람이다. 말할 필요도 없이, 그리스도는 우리의 중보자이시다. 그러나 히브리서에서 우리를 위한 그리스도의 중재 역할은 대제사장으로 하신다. 그러나 (새) 언약에 관한 한, 그분의 기능은 같지 않다. 언약에 관한 한, 그리스도는 우선적으로 하나님의 대리인이시다.

이것이 사실인 이유는 거룩한 언약의 특성 때문이다. 신약성경에서 "언약"(*디아데케*: diatheke)은 특별한 단어로서, 하나님만이 그 조건을 결정하신다는 것을 내포한다. 물론 인간이 언약을 맺거나 계약을 체결할 때 동등한 입장에서 하나, 하나님과는 전혀 다르다. 연약한 인간과 언약을 맺을 때, 조건을 제시하는 분은 언제나 하나님이시다. 하나님 편에서 이것이 바로 조건이라고 말씀하신다. 우리 편에서는 끄떡이면서 동의하기만 하면 된다. 그것도 우리가 원하면 말이다. 왜냐하면 하나님은 결코 우리의 의지에 반대해서 강요하시지 않기 때문이다. 그리스도의 역할은 하나님 편에서 약속을 지키신다는 사실을 담보하시는 것이다. 그리스도는 새 언약을 보증하신다 (7:22). 그리스도는 그 언약에 대해 개인적으로 책임을 지신다. 그분의 죽음을 통하여 그리스도는 새 언약에 약속된 죄의 용서를 보증하신다.

결과적으로, 저자는 이 언약에 대하여 계속하면서 이렇게 덧붙인다, "이는 더 좋은 약속으로 세우시느라." 더 좋은 언약, 더 좋은 약속! 저자는 앞에서 하나님의 놀라운 약속들을 언급한 바 있었다 (4:1; 6:12, 13, 15, 17; 7:6). 그리고 우리가 새 언약에 대하여 더 읽어나가면서, 이 언약의 약속들을 찾을 것이며 동시에 저자가 어떻게 그 약속들을 전개할지를 찾을 것이다.

새 언약 (8:7-13)

더 좋은 약속과 더 좋은 언약이란 과거의 언약이 부족하다는 것을 의미한다. "저 첫 언약이 무흠하였더면 둘째 것을 요구할 일이 없었으려니와." 이것은 한 마디로 저자의 취지를 설명한다. 레위 지파에 속한 제사장들과 제물들은 어떤 사람도 하나님에게 가까이 나아오게 할 수 없다는 의미에서 "연약하며 무익했다" (7:18-19). 그렇다면 옛 언약 어디에서 그리스도를 위한 자리가 있었는가? 그러므로 첫 언약을 질책하면서 그것을 둘째 언약으로 대체하신 이는 바로 하나님이시었다. 이 단락에서 처음과 마지막 표현이 옛 언약의 한계를 선포하는 것을 주목하라.

옛 언약은 일시적인 것으로 더 좋은 것이 오면 자리를 내줄 수밖에 없는 일시적인 것에 불과했다. 이것은 선지자 예레미야 시대에도 너무나 분명했다. 그리스도보다 6세기 전에 예레미야는 유다 나라가 바벨론 군대의 침공에 멸망될 것을 예견(豫見)했다. 유다는 죄를 범했다. 다시 말해서, 유다는 하나님과의 언약을 깨뜨렸다. 유다는 꺼질 것이며, 그 아름다운 성전은 폐허가 될 것이다.

그러나 예레미야는 이런 불행 저 건너편에서 하나님이 다시 그 백성과 새로운 관계를 이루실 날을 보았다. "주께서 가라사대, '볼지어다, 날이 이르리니, 내가 이스라엘 집과 유다 집으로 새 언약을 세우리라'"(8절). 예레미야 31장 31-34절을 인용한 이 말씀은 "새 언약"에 대하여 구체적으로 언급하고 있는 유일한 구약성경의 말씀이다. 이 언약은 너무나 다를 것이다. 이것은 하나님이 "내가 저희 열조들의 손을 잡고 애굽 땅에서 인도하여 내던 날에 저희와 세운 언약과 같지 아니하도다"라고 말씀하신 언약과는 다를 것이다 (9절).

그 언약은 무엇보다 먼저 실패로 끝났는데, 그 이유는 이스라엘이 실패했기 때문이다. 이스라엘이 "내 언약 안에 머물러 있지 아니하므로, 내가 저희를 돌아보지 아니하였노라."

저자는 계속 예레미야를 인용하면서 새 언약의 핵심적인 특성을 묘사한다.

1. 그것은 확신의 언약이다. "주께서 가라사대, '그 날 후에 내가 이스라엘 집으로 세울 언약이 이것이니....'" 이 구절에서 그리고 인용문 전체에서 강조하고 있는 것은 하나님이 하시겠다는 것이다. 여섯 번이나 하나님은 "내가 하리라"(I will)고 말씀하신다: "내가 새 언약을 세우리라," "이것이 내가 세울 언약이라," "내가 내 법을

두리라," "나는 저희에게 하나님이 되리라," "내가…궁휼히 여기리라," "내가 저희 죄를 다시 기억하지 아니하리라." 새 언약은 근본적으로 우리를 의존하지 않는다. 물론 우리도 그 언약에 부분적으로 포함된다. 그러나 궁극적으로 그 언약의 달성은 하나님에게 달려 있지 우리 가운데 어떤 한 사람이나 아니면 우리 모두에게 달려 있지 않다. 하나님이 그 언약을 이루겠다고 약속하셨다. 새 언약은 결코 깨어지거나 대체되지 않을 것이다. 이것은 확실하고도 놀라운 논리이다.

2. 그것은 순종의 언약이다. "내가 내 법을 저희 생각에 두고 저희 마음에 이것을 기록하리라; 나는 저희에게 하나님이 되고 저희는 내게 백성이 되리라" (10절). 시(詩)에서 사용되는 대구법(對句法)이 적용된 이 언약의 언어는 아름답기 그지 없다. 시내산에서 주어진 옛 언약은 순종을 전제로 백성에게 하나님과의 가까운 관계를 제시했다 (출 19:5-6; 레 26:12). 그러나 그 언약은 돌판에 새겨진 대로 외적 명령으로 이루어졌다. 대조적으로 새 언약은 사람의 마음 안에 새겨졌다.

그러나 하나님의 법을 우리 마음에 새겼다는 것은 실제로 무엇을 뜻하는가? 쉽게 말해서 *우리가 하나님을 순종해야 한다*는 것을 의미한다. 히브리인의 사고에서 사람은 마음으로 생각하고 느끼고 계획한다. 의가 있는 곳은 마음이다. 만일 율법이 우리 마음에 새겨졌다면 우리는 당연히 그 법을 순종할 의지도 가진다.

구약성경에서 몇 구절만 인용해도 이것은 너무나 분명해진다.

내가 오늘날 네게 명한 이 명령은 네게 어려운 것도 아니요, 먼 것도 아니라....오직 그 말씀이 네게 심히 가까워서 네 입에 있으며, 네 마음에 있은즉, *네가 이를 행할 수 있느니라* (신 30:11-14, 강조 첨가).

내가 그들에게 일치한 마음을 주고, 그 속에 새 신을 주며; 그 몸에서 굳은 마음을 제하고, 부드러운 마음을 주어서, 내 율례를 좇으며, 내 규례를 지켜 *행하게 하리라* (겔 11:19-20, 강조 첨가).

번제와 속죄제를 요구치 아니하신다 하신지라. 그 때에 내가 말하기를, "내가 왔나이다....나의 하나님이여, 내가 주의 뜻 *행하기를* 즐기오니, 주의 법이 나의 심중에 있나이다" (시 40:6-8 강조 첨가).

결국 순종과 마음에 있는 것과는 밀접한 관계가 있다. 시편 40편은 그 사실을 잘 말해 주는 전형적인 말씀이다. 이 말씀이 나중에 인용되어 그리스도의 희생에 적용되는 구절이라는 사실을 주목하라 (10:5-10). 하나님의 법이 그리스도의 마음 안에 너무나 깊이 새겨져 있기 때문에 그분은 가장 높은 차원에서 이렇게 말씀하실 수 있었다, "보시옵소서, 내가 하나님의 뜻을 행하러 왔나이다."

순종의 언약이라는 개념은 다음 구절에서도 계속된다: "또 각각 자기 나라 사람과 각각 자기 형제를 가르쳐 이르기를, '주를 알라' 하지 아니할 것은, 저희가 작은 자로부터 큰 자까지 다 나를 앎이니라" (11절). 새로운 언약 관계에 있는 사람들을 위하여 하나님은 당신의 법을 그들의 마음 속에 새기신다. 이것이 사실이라면 하나님의 백성은 당연히 가르침을 받을 필요가 없다.

하나님의 자녀들에게 서로 돌아다니면서 "여호와를 알라"고 할 필요가 없다. 자동적으로 그들은 하나님의 뜻을 행한다. "안다"는 성경적인 의미에서 종종 "알고 행하라"를 의미한다. 예를 들면, 호세아 4장 6절에서 하나님은 이렇게 선언하신다, "내 백성이 지식이 없으므로 망하는도다." 이것은 무슨 뜻인가? 같은 장의 1-2절은 분명히 알려 준다: "이 땅에는 신실이나 자비도 하나님을 아는 지식도 없고; 오직 맹세와 거짓과 살인과 도둑질과 행음이 있을 뿐이라." 다른 말로 하면, 하나님에 대한 지식이 없는 사람들은 하나님의 법을 어기는 자들이다. 그것이 사실이라면, 그 반대도 역시 사실이다--하나님을 안다는 것은 하나님의 뜻을 행하는 것이다. 다른 말로 말하면, 하나님의 백성은 하나님의 법을 그 마음에 가지고 있다. 그들은 하나님을 알며, 따라서 하나님의 법을 지킨다 (렘 5: 4-5; 마 7:21-23; 요 7:17; 8:32; 17:3 참조).

3. 그것은 은혜의 언약이다. "(왜냐하면) 내가 저희 불의를 긍휼히 여기고, 저희 죄를 다시 기억하지 아니하리라" (12절). 여기에서 "왜냐하면"이란 단어를 간과(看過)하지 말도록 하자 (개역한글판에는 생략됨--역자 주). 그 단어는 앞의 구절들을 연결시키며 따라서 죄의 용서가 새 언약에서 모든 축복의 근거라는 것을 분명히 보여 준다. 후에 예레미야 31장의 인용을 통하여 보여 주듯이, 이것이 진정으로 새 언약의 심장이다 (10:16-18). 죄의 용서는 옛 언약의 근거가 아니었다. 다른 무엇보다도 죄의 용서는 옛 언약이 결코 성취할 수 없는 것이었다--이것을 저자는 후에 알려 준다 (9: 9; 10:11).

　그러나 새 언약에는 죄의 용서라는 하나님의 약속이 포함되어 있다. "매년 죄를 생각나게 하는" 대신에 (10:3), 하나님은 죄를 다시는 기억하지 아니하신다 (10:17). 물론, 죄의 용서라는 이 놀라운 약속은, 다시 말해서, 이 놀라운 은혜의 언약은 그리스도와 그분의 희생을 통해서만 가능하다 (9:11-14, 28; 10:12-14; 13:12).

　그러나 저자의 눈에는 예레미야의 예언이 그 밖의 다른 것도 추가하여 포함하고 있다. 옛 언약은 낡아서 현재에는 무용(無用)한 것으로 하나님은 여기셨다. "새 언약이라 말씀하셨으며, 첫 것은 낡아지게 하신 것이니, 낡아지고 쇠하는 것은 없어져가는 것이라" (13절). "낡아지다"가 두 번씩이나 사용된 것을 주목하라. 먼저, 그것은 과거의 어떤 것을 가리킨다. 새국제번역본과 새표준개역본은 이것을 이렇게 번역한다: "그가 첫 번째 것을 낡아지게 하신다." 하나님 자신이 그것을 옛 것으로 선언하셨다. 그것은 더 이상 하나님의 목적을 이룰 수 없게 되었다.

　둘째, "낡아지다"는 현재 분사형으로 쓰이면서 지금도 현존하는 것을 가리킨다. 저자가 의미하는 것은 정말 무엇인가? 어떻게 한 가지가 동시에 과거와 현재에 속할 수 있는가? 하나님이 이미 첫째 언약을 옛 것이라고 선언하셨고 또 취소시키셨다. 만일 레위의 제사법이 연약하고 효과가 없다면, 그리고 이제 그리스도가 하늘에 계신 우리의 대제사장으로 취임하셨다면, 당연히 그렇게 될 수밖에 없지 않은가 (7:19)? 그러나 저자가 히브리서를 기록할 때에도 레위의 제물은 예루살렘 성전에서 계속 드려지고 있었다. 그러나 안

개가 잠시 있다 사라지는 것처럼 (약 4:14), 유대의 퇴폐적인 체계는 곧 "사라져야 했다." 역사적으로 말하면, A.D. 70년에 예루살렘이 로마인들에 의하여 멸망될 때 안개처럼 사라졌다.

새 언약은 이상적인 언약의 모든 조건을 완전하게 충족한다. 하나님은 이것을 아브라함의 때부터 염두에 두셨다. 시내산에서 하나님은 이스라엘과 언약을 세우려 하셨으나, 이스라엘은 그 언약을 무시했다. 그들은 그 언약에서 그들의 임무를 다하지 못했다. 이제 하나님은 그 백성을 위하여 새롭고 더 좋은 언약을 제공하셨다. 하나님은 그들의 하나님이 되시고, 그들은 하나님의 것이 된다. 그들 마음 속에 하나님의 뜻을 행하는 기쁨이 있다. 그들은 하나님을 알고 또 그분의 길로 행한다. 그리고 영원히 그들은 죄를 용서받았다.

그리스도는 그들을 위하여 큰 대제사장으로 하늘에 계신다. 그분은 위에 있는 참 장막에서 섬기시는데, 거기에는 하나님도 계시고 진정한 용서도 있다.

질 문

1. 어떻게 8장의 시작은 그리스도의 제사장 직분에 대한 논의를 한 발 더 끌어 올리는가?

2. 그리스도가 "장막에서 부리는 자"라는 것은 무엇을 의미하는가

(8:2)? "훨씬 더 뛰어난" 그분의 사역은 무엇인가 (8:6)?

3. 어떻게 그리스도가 새 언약의 중보자가 되시는가를 설명하라 (8:6). "언약"이란 단어의 뜻은 무엇인가?

4. 구약성경 가운데 어떤 말씀이 "새 언약"을 언급하는가? 어떻게 새 언약은 옛 것과 그처럼 다른가?

5. 어떤 의미에서 새 언약이 우리의 마음에 기록되었는가?

6. 새 언약에서 특별히 주어지는 놀라운 약속은 무엇인가?

9

예수, 보다 좋은 제물: 1부

히브리서 9:1-28

...하늘에 있는 그것들은 이런 것들보다 더 좋은 제물로....

히브리서 9:23

우리가 더 앞으로 나아가기 전에 몇 가지 일러둘 필요가 있다.

1. 내용으로 볼 때 히브리서 9장 1절부터 10장 18절은 모두 같은 소속이다.

2. 앞으로 나아가기 전에 우리는 시간을 내어 이 부분 전체를 읽도록 하자. 우리는 이 부분을 여러 번 읽고 또 여러 가지 다른 번역본으로도 읽도록 하자. 실제로, 이런 방법은 우리가 성경의 새로운 부분으로 들어갈 적마다 사용하면 좋을 것이다.

3. 이 부분을 마치면 그리스도가 대제사장이라는 장대한 중간 부분도 끝내게 된다. 8장부터 10장 18절은 우리 대제사장의 천국 사역을 그리며 무엇보다도 자신의 희생을 강조한다. 이 부분에 나오는 열쇠가 되는 용어들과 어떻게 그것들이 거듭 반복해서 나오는가

를 세심하게 보라.

    드리다: (8:3, 4; 9:7, 9, 14, 25, 28; 10:1, 2, 8, 11, 12)
    예물: (10:5, 8, 10, 14, 18)
    제사: (8:3; 9:9, 23, 26; 10:1, 5, 8, 11, 12)
    언약: (8:6, 8, 9, 10; 9:4, 15, 16, 17, 20; 10:16)
    피: (9:7, 12, 13, 14, 18, 19, 20, 21, 22, 25; 10:4)
    죄: (8:12; 9:26, 28; 10:2, 3, 4, 5, 11, 12, 17, 18)

이런 용어들은 저자가 예식과 관련된 어휘에 익숙할 뿐 아니라, 어떻게 그가 인류 역사상 가장 위대한 사건, 곧 그리스도의 희생을 묘사하는지 잘 보여 준다.

옛 언약에 따른 예배 (9:1-10)

히브리서 저자는 8장에서 두 가지 장막, 곧 그리스도가 역사하시는 하늘에 있는 참 장막과 "모형과 그림자"에 불과한 다른 장막을 언급했다. 9장에서는 이 두 장막을 대조하는데, 특히 각 장막에서 드려진 제물을 대조한다.

유대의 배경을 가진 독자라면 누구나 장막에 대하여 아주 잘 알고 있었다. 물론 그 장막은 "섬기는 예법"이 있었는데, 그 법에 대하여 저자는 이제부터 설명한다. ("예법"이 10절에 다시 나오는 것을 주목하라. 그리고 그 단어와 함께 옛 언약 밑에서 드리는 예배의 단락이 끝난다.) 그런데 장막에서 드린 예배와 후에 세워진 성전에서 드린 예배는 현재의 예배보다 열등했다. 그 장막은 저자에 의하면 "세상에 속한" 것이었다. 그 장막은 손으로 만들지 않은 하늘의 장막과는 달리 이 세상에 속해 있었다 (11, 24절).

세상에 속한 장막은 두 개의 방으로 구성되었다. 두 성소가 휘장에 의하여 나뉘어졌기 때문에 (출 26:33), 저자는 두 가지 별개의 성소로 언급한다. 첫 번째 방은 "성소"로 불렸다. 그 안에는 일곱 가지를 가진 등대(출 25:31-40을 보라)와 상(출 25:23-29를 보라)과 진설병(출 25:30; 레 24:5-9를 보라)이 있었다. 진설병은 히브리어를 문자적으로 번역하면 "얼굴의 떡," 곧 하나님 앞에 차려 놓은 떡을 의미한다.

휘장 뒤 깊숙이 있는 두 번째 방은 특별히 거룩하게 구분했다. 그 방은 모든 다른 장소보다도 거룩했기에 (문자적으로는 "지성소"), 그 곳에는 일 년에 한 번씩만 들어갈 수 있었다 (7절). 저자는 안쪽에 있는 방에는 "금향로와 언약궤"가 있다고 계속해서 말한다 (4절). 출애굽기 30장 6절에 의하면, 향단은 "휘장 앞에" 두었는데, 그 이유는 향단에서 타는 향이 휘장 안으로 스며들어가서 하나님 앞을 덮게 하기 위함이었다. 향단과 언약궤는 매년 있는 속죄일에 밀접히 연관되어 있었다는 것은 분명했다 (출 30:10).

"언약궤"는 다른 것보다 더 자세히 묘사되는데, 그 이유는 그것이 "지성소" 안에서 가장 중요한 기물(器物)이기 때문이었다. 언약궤는 금으로 싸였으며, 그 안에는 만나를 담은 금항아리(출 16:31-36을 보라)와 기적적으로 싹이 난 아론의 지팡이(민 17:1-10)와 그리고 두 언약의 돌판(신 10:1-5)이 들어 있었다. 후에 성전이 세워졌을 때는 언약궤에는 두 돌판만 있었다 (왕상 8:9).

언약궤 위에는 "속죄소를 덮는 영광의 그룹"이 둘 있었다 (5절). 그룹들은 날개가 있었는데, 흔히들 그 모양이 스핑크스와 같다고 생각했다. 그들의 날개는 언약궤 덮개의 양 끝에서부터 펼쳐져서 "시은좌," 곧 속죄의 장소를 덮었다. 거기에서 하나님은 상징적으로 제사장을 통하여 당신의 백성을 만나셨다. 거기에서 엄숙한 대속죄일에 대제사장은 희생된 송아지의 피와 백성의 죄를 위한 염소의 피를 뿌렸다 (출 25:17-24; 레 16:2, 11-15를 보라).

그러나 저자는 이런 것들에 대하여 더 자세히는 언급하기를 원하지 않는다. 그는 하나님이 이러한 옛 "예법"을 주셨다는 사실에 대하여 의심하지 않는다. 실제로, 그 장막이 세상에 속한 것이긴 하나, 그래도 엄격하게 "식양대로" 만들어졌다. 그러나 장막의 성결과 모든 기물의 찬란한 금빛 등은 그리스도의 희생과는 비교할 수 없었다!

바로 이것을 저자는 증명하기를 갈망한다. 우리가 볼 때 이 모든 것은 너무나 분명하다. 그러나 유대인으로 태어난 사람은 비록 그가 그리스도인이 되었다손 치더라도 그렇게 간단하지 않았다. 저자는 옛 제도가 하나님의 입장에서 보면 너무나 일시적이고 불완전하다는 것을 기술하지 않을 수 없었다.

예식 절차를 보더라도 "성소"와 "지성소"는 너무나 달랐다. 이 두 성소는 6-7절에서 대조되고 있는데, 다음과 같이 요약할 수 있을 것이다:

"성　소"	**"지 성 소"**
첫 장막	둘째 장막
제사장	대제사장
항상 들어감	일 년 일차씩
예식을 위한 의무	피 (구속을 위해 뿌림)
(등의 정돈, 향 등)	

앞의 요약에 다음과 같은 설명을 덧붙일 필요가 된다.

첫째, "항상"은 평범한 제사장의 매일하는 기능을 생생하게 묘사한 단어이다. 둘째, "일차"는 특히 그리스도의 희생을 가리키기 위하여 사용된 중요한 용어이다. 대제사장의 제물도 "일차"이나, 그것은 "일 년에 일차"이지, 그리스도가 "단번에" 자신을 주신 것과는 다르다. 셋째, "피 없이는 아니하나니"는 접근할 수 없는 "지성소"를 강조한다. 송아지와 염소의 피를 갖지 않으면 대제사장이라도 잠깐 동안 일 년에 한 번도 감히 들어갈 수 없다 (물론 그 외에도 다른 주의 사항이 있는데, 그것을 보기 위하여 레위기 16장 전체를 읽어라). 넷째, "백성의 허물〔문자적으로는 무지〕"은 고의가 아닌 죄들을 가리키며, 그 죄들만이 속죄될 수 있었다 (민 15:27-31). 모든 종류의 죄를 다루려면 모세의 율법 이외의 다른 것이 있어야 했다! 그것은 무엇이었는가?

이 모든 의식에서도 저자는 하나님의 손길을 본다. 성령은 예배를 위한 율법과 규례를 제공하셨다. 첫째 장막이 있는 한, "성소에 들어가는 길이"아직 열리지 않았다 (8절). 첫 장막과 둘째 장막을 분리시키는 것은 바로 휘장이었고, 그러므로 영원한 문제는 바로 휘장이었다. 그 휘장이 바로 백성으로 하여금 안으로 들어가지 못하게 했고 동시에 하나님을 그 지성소에 가두어 놓은 꼴이 되었다. 그 휘장을 없애면 즉시 하나님 앞으로 들어가는 길이 열린다.

그 요지는 다음과 같이 상술(詳述)된다: 바깥 장막은 "현재까지의 비유"였다 (9절). 다시 말해서, 그것은 헝겊에 싸인 비유로, 옛 것들은 모두 "개혁할 때까지"만 유지되었다 (10절). 그들의 예물과 제사가 어떤 것이든 상관없이 그것들은 예배자들의 "양심상으로 온전케 할 수" 없었다 (9절). 아무리 많은 제사나 율법적인 예식도 죄의식을 가진 양심을 깨끗하게 할 수도 없었고 하나님 앞으로 나아가게 할 수도 없었다.

그러므로 옛 체계는 모두가 완전하지 못했다. 그리고 "먹고 마시는 것과 여러 가지 씻는 것"만을 다루는 체계란 얼마나 무익한가 (10절). 레위법은 먹고 마시는 것에 대하여 구체적으로 지시했다. 그리고 씻는 것에 대하여 너무나 많은 규정이 있었다--대제사장을 위한 씻김, 제사장을 위한 씻김, 레위인들을 위한 씻김, 예복과 기명(器皿)을 위한 씻김 등. 저자의 생각은 이렇다, "씻고, 또 씻고, 또 씻으나" "결코, 결코 깨끗하게 못한다." "육체의 예법"과 같은 사소한 것들은 "개혁할 때까지" 유지되는 일시적인 것들이었다!

"히브리서의 심장" (9:11-14)

몇 년 전 캠브리지대학교 (Cambridge University) 도서관의 원고실에서 연구하는 동안 나는 히브리서 헬라어 본문 가운데 몇 단어가 기록된 작은 조각의 파피루스 사본을 조사하게 되었다. 나는 이미 여러 가지 다른 신약성경 본문(저 유명한 비잔틴 사본을 포함해서)을 캠브리지에 있는 여러 대학교에서 연구한 바 있었다; 그러나 이것은 나에게 잊지 못할 경험이 되었는데, 그 이유는 그 히브리서 사본이 바로 "히브리서의 심장" 부분이었기 때문이었다.

히브리서 9장 11-14절이 "히브리서의 심장"이라고 불리는 것은 너무나 정당하다. 그 위치에 있어서도 이 단락은 히브리서의 중심 부분인 8장 1절부터 10장 18절의 한 가운데 있다. 이 단락은 히브리서 중심 부분의 중심 구절, 곧 중심 가운데 중심이다. 그 구조에 있어서도 이 단락이 의미심장한 것은 헬라어에서 첫 단어가 "그리스도"이기 때문이다. 히브리서 전체에서 "그리스도"가 문장의 서두에, 그리고 동시에 새로운 단락의 서두에 나오는 것은 이 단락이 처음이자 마지막이다. 8장과 9장에서 저자는 그리스도를 직접적으로 인용한 적이 없었다. (어떤 번역본은 8:6에 "그리스도"나 "예수"를 삽입하기도 하나, 헬라어 본문은 단순히 "그"라고 되어 있다.) 저자는 그런 인용을 하기 위하여 기다리고, 또 기다렸다. 그러다가 바로 그 순간이 오자 갑자기 저자는 선언한다, 그리스도가 출현했다! 그 주제에 있어서도 이 단락은 빨간색으로 밑줄을 쳐야 한다. 10절의 마지막 표현은 "개혁할 때까지 맡겨 둔 것이니라"이다. 개혁의 때는 마틴 루터(Martin Luther)의 때가 아니었다. 루터도 위대한 사역을 했으나, 참된 개혁은 그리스도에 의하여 시작되었다. 그리스도가 오신 것은 세상의 역사에서 가장 위대한 날이었다. 그러나 저자는 그리스도가 인간이 되신 날을 생각하지 않고, *대제사장으로서 하늘에 들어가신 날*을 생각하고 있다. 그분이 우리의 대제사장으로 오셨으며, 그 이후 모든 것이 얼마나 달라졌는지!

그리스도가 오심으로 우리에게 "좋은 일"도 함께 "왔다" (11절). 11절 후반부와 12절은 복잡하나 다음과 같이 묘사될 수 있다:

A. 더 크고 온전한 장막

B. 손으로 짓지 아니한, 곧 이 창조에 속하지 아니한...

B. 염소와 송아지의 피로 아니하고

A. 오직 자기 피로

C. 영원한 속죄를 이루사 단번에 성소에 들어가셨느니라

저자의 반전(反轉)된 순서(ABBA 모형)와 절정(C)을 주목하라. 저자가 제시하고 있는 영광스러운 장면을 우리의 마음 속에 그려 보자. 독자는 여러 해 동안 집을 떠나 있었다. 순종을 통하여 그분은 십자가까지 가셨다. 이제 모든 천국은 그분의 복귀를 기다리고 있는데, 그 복귀는 얼마나 귀한 날이었겠는가. "문들아, 너희 머리를 들지어다! 영원한 문들아, 들릴지어다! 영광의 왕이 들어가시리로다. 영광의 왕이 뉘시뇨? 강하고 능한 여호와시요, 전쟁에 능한

여화와시로다!" (시 24:7-8).

그 아들이 하늘로 들어가셔서 제일 먼저 하시는 일은 무엇일까? 그분은 아버지에게로 들어가신다. (모든 장면이 비유인 것을 이해하라.) 그리고 그분은 어떻게 아버지 앞으로 들어가시는가? 그 아들은 보다 큰 하늘의 장막을 자신의 피를 가지고 통과하신다. 그분은 그 피를 하나님 앞에 있는 하늘의 시은좌 위에 뿌리신다. 그렇게 하심으로 그 아들은 우리를 위하여 일 년 만을 위한 것이 아니라 영원한 속죄를 획득하신다. 비유적으로 말하면, 그리스도는 그 피를 하늘에서 드리시는데, 그것도 단 한 번 드리신다. 그분은 들어갔다 나오고 그리고 또 들어갈 필요가 없으신데, 그 이유는 하나님이 "그들의 죄를 다시는 기억하지 않겠다"고 말씀하시기 때문이다.

이제 그리스도의 희생이 뛰어나다는 것을 "얼마나 더 좋은" 이란 논법으로 증명한다. "염소와 송아지의 피와 및 암송아지의 재로 부정한 자에게 뿌려 그 육체를 정결케 하여 거룩케 하거든, 하물며… 그리스도의 피가 어찌 너희 양심으로 죽은 행실에서 깨끗하게 하고 살아 계신 하나님을 섬기게 못하겠느뇨?" (13-14절).

유대인의 안목으로 볼 때, 레위의 제사는 사람의 의식적 불결을 깨끗하게 하기에 적당했다. 예를 들면, 어떤 사람이 인간의 뼈나 죽은 시체를 만져서 의식적으로 불결해지면, 그는 물을 섞은 "암송아지의 재"로 뿌림을 받아야 했다 (민 19). 그러나 외적 불결보다 훨씬 더 악한 내적 죄를 위해서는 속죄일에 드린 염소와 송아지로도 별도리가 없었다.

그 문제를 우리의 안목으로 보자. 당신이 죄를 범할 때마다, 당신이 친구를 공박할 때마다, 당신이 친구를 경멸할 때마다, 당신의 마음 속에 시기심이 있을 때마다, 당신이 제물을 드려야 한다고 가정해 보자. 당신은 항상 제물을 드리고 있지 않겠는가? 아니면 그 반대를 생각해 보자. 당신이 잘 알면서도 시간마다 아니면 매일 드려야 되는 제물을 드리지 않았다고 가정하자. 그렇다면 어떻게 될까? 당신의 죄책으로 가득한 양심과 하나님과의 일상적인 관계는 어떻게 되겠는가?

그 해답은 영원한 성령으로 말미암아 자신을 드린 흠 없는 그리스도의 희생이다. 그리스도의 피는 늘 괴롭히며, 아프게 하며, 죄의식으로 가득한 양심을 얼마나 더 깨끗하게 할 수 있는지!

> 죄 많고, 악하고 무기력한 우리;
> 흠 없는 하나님의 어린양이신 그분;
> "충분한 구속!" 어떻게 그런 일이?
> 할렐루야! 얼마나 놀라운 구세주인가![2]

그러나 깨끗해진 양심 자체가 목적이 아니다. 그것은 분명한 목적이 있다. "살아 계신 하나님을 섬기게 못하겠느뇨?" (14절). "섬기다"는 "예배 가운데 섬기다"를 저자의 방식으로 한 표현이다. 앞에서 저자는 "예법"(1절; 10절 참조)과 "섬기는 예를 행하는" 제사장을 묘사한 바 있다 (문자적으로, "예배의 의무," 6절). 저자는 이

---

2) 빌립 블리스(Philip P. Bliss)의 찬송가, "할렐루야! 얼마나 놀라운 구세주인가!"에서.

제 그리스도의 제사장 제물에 대한 장엄한 부분을 마치면서, 놀랍게 내적으로 깨끗해진 우리도 참되신 하나님을 섬기며 예배하는 일에 우리 자신을 드려야 한다는 도전을 준다.

그리스도의 제물과 새 언약 (9:15-22)

이제 우리는 9장의 남은 부분을 보다 간단하게 다룰 수 있는 시점에 이르렀다. 그리스도가 그 자신의 피로 하늘에 들어가신다는 최고의 묘사를 마친 후, 저자는 이제 그리스도의 죽음이 필요한 이유를 확대한다.

1. 그리스도의 죽음은 예레미야 31장에서 미리 말한 새 언약을 가져오게 했다. 이 언약에 대하여 그리스도는 중보자이며 (8:6) 동시에 보증자이시다 (7:22).

2. 그리스도의 죽음은 첫 언약 밑에서 살던 사람들의 죄를 속죄했다. 동물의 희생이 죄를 온전히 다룰 수 없었다면, 모세의 율법 밑에서 죽은 모든 사람들은 어떠한가? 유대인들은 이렇게 물을 것이다, "당신은 우리의 조상들이 소망 없이 멸망했다는 말입니까?"

그 해답은 물론 "아니다"이다! 옛 언약 밑에서 살던 사람들은 그들의 죄 값을 지불할 필요가 없었다. 그리스도의 희생으로 그들을 위한 죄값이 지불되었다. 그리스도는 그들은 "구속하셨는데," 그 말은 그분이 그들을 다시 사들였다는 뜻이 아니라 (이것이 "구속하다"의 뜻이다), 그들을 "해방시켜" 죄에서 풀어 주셨다는 뜻이다 (2:15 참조).

3. 그리스도의 죽음은 "부르심을 입은 자로 하여금 영원한 기업의 약속을 얻게 하셨다" (15절). 그리스도인들은 구체적으로 복음의 전파를 통하여 부르심을 받았다 (3:1 참조). 그러나 그리스도는 모든 사람을 위하여 죽으셨다. 그분의 피는 두 가지 언약 밑에 있는 사람들을 다 구원한다. 그러므로 약속된 기업은 하나님의 모든 백성에게--그들이 신실하기만 하면 말이다--"영원하다" (9:12, 14 참조).

그리스도의 죽음은 특히 기업을 얻는 데 절대적으로 필요하다. 저자는 설명한다. 유언의 경우, 유언한 사람이 죽어야 효력을 발생한다. 이것을 분명하게 하기 위하여 저자는 한 단어(헬라어로 *디아데케*)를 두 가지 의미, 곧 "언약"과 "유언"으로 사용한다. 그리스도는 중보자이자 동시에 유언자이시다. 유언자인 그분은 우리에게 구원의 기업을 전달하기 위하여 반드시 죽으셔야 했다.

"이러므로 첫 언약도 피 없이 세운 것이 아니니라" (18절). 이 문장이 앞의 것과 어떻게 연결되는지 분명하지는 않으나, 저자는 우리가 "유언"이나 아니면 "언약" 가운데 어떤 것을 언급하든 상관없이 반드시 죽음이 있어야 한다는 것을 보여 주기 원한다. 다시 말해서, 그리스도는 죽어야 했다. 옛 언약이 시작될 때도 모세는 희생된 동물의 피를 취하여 그것을 백성에게 뿌렸다 (출 24:3-8). 저자는 언약서도 피 뿌림을 받았다고 말하는데, 출애굽기에서 그 사건이 자세히 묘사되지는 않으나 거의 모든 것이 피로 깨끗하게 되었다는 것을 뜻할 것이다 (22절).

피를 요약해서 언급함으로 그리스도의 죽음을 재차 강조한다. 율법 밑에서 거의 모든 것이 "피로 깨끗하게" 되었다 (예외를 위하여 민 31:21-24; 레 5:11-13을 보라). "피 흘림이 없은즉 사함이 없느니라" (22절). 이것은 실제로 레위기 17장 11절, 곧 "피가 죄를 속하느니라"에 근거한 잠언과 같은 말씀이다. 결국 이 장에서 저자가 강조하고 싶은 것은 다음의 유사한 세 가지 격언으로 요약될 수 있다:

> 피 없이는 아니하나니 (7절)
> 피 없이 세운 것이 아니니 (18절)
> 피 흘림이 없은즉...없느니라 (22절)

그리스도라는 제물의 최후성 (9:23-28)

본 장의 마지막 단락은 뒤를 돌아보면서 중요한 중심 부분, 특히 9장 11-12절에 집중적으로 주의를 기울인다. 다시 말하거니와, 우리는 "히브리서의 중심"에 있는데, 거기에서 그리스도는 우리의 대제사장으로 하늘에 당당히 들어가시는 모습이 그려진다.

이전의 흐름으로 다시 돌아와서 저자는 "하늘의 모형"(장막; 8:5 참조)도 동물의 피로 깨끗하게 될 필요가 있었다면, "하늘에 있는 그것들은" 마땅히 "더 좋은 제물로 해야" 할 필요가 있었다 (23절). 여기의 언어는 비유법을 사용한다. 저자는 하늘이 사단이나 악 같은 것에서 씻겨야 할 필요가 있다고 말하고 있지 않다. 저자는 비유로 그리고 비교로 말한다. 만일 세상에 있는 것들이 제물로 정결케 되었다면, 하늘의 것들도 역시 정결케 되어야 했다. 그러나 무엇으로 하늘을 깨끗케 할 수 있는가? "더 좋은 제물," 곧 하늘에 드려진 그리스도라는 제물로만 가능했다.

다음 표현은 이 점을 더욱 명확하게 한다: "그리스도께서는…손으로 만든 성소에 들어가지 아니하시고, 오직 참 하늘에 들어가사, 이제 우리를 위하여 하나님 앞에 나타나시니라" (24절). 이것은 히브리서에서 가장 위대한 구절 가운데 하나로, 9장 11-12절에 있는 위대한 말씀을 반향(反響)시킨다. 우리의 대제사장인 그리스도는 세상에 있는 성전 안에 있는 어느 성스러운 방으로 들어가시지 않았다. 그분은 하늘, 곧 하나님 앞으로 들어가셨다. 독자는 유대인 대제사장이 거룩한 곳에 들어가서 속죄를 이룬 것에 대하여 읽어본 적이 없는가? 그러나 그리스도는 *이제 우리를 위하여* 거기에 계신다! ("이제 우리를 위하여"는 헬라어에서 강조된다). 세상의 지성소에는 백성을 대신할 사람이 아무도 없던--잠시를 제외하곤--오랜 세월이 지난 후, 그리스도가 하늘에 들어가서 하나님 앞에서 항상 우리를 대신하신다.

그리스도는 자기를 "자주" 드릴 필요가 없었는데, 그 이유는 "그리하면 그가 세상을 창조할 때부터 자주 고난을 받았어야 했기" 때문이다 (25-26절). "자주"는 불완전과 무익을 가리킨다. 그리스도의 희생은 너무나 충분하고도 만족스럽기 때문에 결코 다시 희생하실 필요가 없었다. 진정으로 그 희생은 "한 번이며 동시에 모든 사람"을 위한 것이었다 (7:27; 9:12). 그리고 그리스도가 나타나시는 *때*가 중요하다. "역사의 종말에" (REB) 그분은 "죄를 없게 하시려고" 나타나셨다 (26절).

그리스도가 한 번 희생되셨다는 사실을 저자는 실례를 통하여 다시 설명한다. "한 번 죽는 것은 사람에게 정하신 것이요, 그 후에는 심판이 있으리니...이와 같이 그리스도도...단번에 드리신 바 되셨고...두 번째 나타나시리라" (27-28절). 우리 인간의 죽음이 "정해졌다"는 것은 한 사람 한 사람이 죽을 시간이 결정되었다는 의미가 아니다. 그 의미는 그런 것이 아니라 인간이 한 번밖에 죽지 않는 것처럼, 그리스도도 "많은 사람의 죄를 담당하시려고" 단 한 번 죽으셨다는 것이다 (2:9-10 참조).

그리고 그리스도는 "두 번째 나타나실" 것이다. 그리스도는 하늘의 장막을 떠나야 되나, 결코 죄를 위하여 다시 속죄하실 필요는 없다. 오히려 그분이 다시 오실 때, "구원에 이르게 하기 위하여...자기를 바라는 자들에게" 오신다.

앞의 요절에서 그리스도가 "자기를 순종하는 모든 사람에게 영원한 구원의 근원"으로 선언되신 것을 기억하자 (5:9). 몇 장에 걸쳐서 이것이 저자의 핵심적인 메시지였다. 그리스도는 영원한 구원의 근원이시며, 수여자이시고, 원인이시다. 첫 번째 오셨을 때 절묘한 희생을 인하여 구세주인 그리스도가 되신다. 그분을 간절히 기다리는 사람들을 위하여 두 번째 오실 때도 그분은 다시 구세주인 그리스도가 되실 것이다. "아름다운 구세주!"

질 문

1. 왜 히브리서 저자는 9장을 세상에 속한 장막으로 시작하는가? 저자는 장막과 연관된 "예법"에 대하여 무엇을 말하는가?

2. "개혁할 때"는 무엇인가 (9:10)? 이것은 "먹고 마시는" 문제와 어떻게 대조되는가?

3. 9:11-14를 "히브리서의 심장"으로서 토론하고 설명하라. 그리스도가 하늘의 "성소"에 들어가신 것과 하늘에서 피를 드린 것을 묘사하라.

4. 그리스도가 피를 드리신 사실이 어떻게 당신의 양심과 당신의 예배에 영향을 주는가?

5. 무엇을 기초로 옛 언약 밑에서 허물이 용서되는가 (9:15)? 우리의 상황은 그들의 상황과 어떻게 다른가?

6. "더 좋은 제물"은 무엇을 의미하는가 (9:23)? 저자는 왜 그런 언어를 사용하는가?

7. 그리스도는 마지막으로 한 번 더 죄를 다루기 위하여 다시 오신다. 맞는가 틀리는가?

10

예수, 보다 좋은 제물: 2부

히브리서 10:1-18

…하늘에 있는 그것들은 이런 것들보다 더 좋은 제물로….

히브리서 9:23

히브리서 9장 1절부터 10장 18절은 그리스도가 믿는 자들을 위한 유일한 대제사장이라는 저자의 주장을 마감한다. 이 장엄한 부분의 초점은 하늘에서 행하는 그리스도의 제사장 직분과 하늘의 지성소에 계신 아버지 앞에서 비유적으로 드리는 피의 제물이다. 편의상 우리는 그 부분을 둘로 나누어서 살펴보았다.

얼른 보기에 10장의 서두는 반복되는 말 같으나, 그 말씀을 통하여 우리는 그리스도가 자발적으로 굴복하여 희생이라는 하나님의 참된 뜻을 행하셨다는 것을 알게 된다. 희생의 피를 떠나서는 죄의 용서가 없으며 (9:22), 동물의 피가 그 용서를 일구어내지 못하면 (10:4) 그리스도의 희생만이 죄에 대한 유일한 해결책이다.

그림자와 참 형상 (10:1-4)

레위의 모든 예식이 무익하다는 것이 다시 한 번 강조된다. 율법은 "장차 오는 좋은 일의 그림자"에 불과했다. "좋은 일"이란 특히 하늘의 대제사장이 드린 "더 좋은 제물"이다; 그리고 우리의 죄를 위하여 그 제물이 이미 드려졌기 때문에, 우리를 위한 "좋은 일"도 이미 왔다 (9:11). 율법은 "그림자"였다. 그 율법을 "그림자"이자 "예시"로 생각하자. 그 이유는 저자가 어떤 때는 그림자라는 단어를 사용하나, 또 어떤 때는 "전조"로 사용하기 때문이다. 율법의 제물은 확실하지 않은 윤곽과 같은 것이나 (8:5 참조), 동시에 앞을 바라보면서 그리스도의 참 제물을 "예시"했다.

그러나 레위의 제물은 수없이 반복해도 그 제물을 드리는 자들을 "온전케 할" 수 없었다. 저들은 제물을 통하여 하나님에게 나아오려 했으나, 율법은 아무도 온전케 하지 못했다 (7:19, 12). "제물을 드리는 자들이 단번에 정결케 되었다면, 다시 죄를 의식할 필요가 없었을 것이라" (2절; 9:9 참조). 그들의 양심은 항상 그들을 괴롭혔다. 항상 해결되지 못한 제법 많은 허물들이 남아 있었다.

우리는 일 년에 한 번씩 오는 속죄일이 죄의식에서 상당한 해방감을 주었으리라고 생각할 수도 있다. 그러나 실제로는 그 반대의 상황이 벌어졌다. 모든 유대인은 일 년 중 하루는 반드시 금식해야 했고, 그리고 그 날 온 민족이 죄를 자복했다 (레 16:20-22, 29-31). 그 날의 모든 활동은 죄의 심각성을 강조하기 위하여 마련되었다. "이 제사들은 해마다 죄를 생각하게 한다" (3절). "죄를 생각하게 한다"는 단어가 신약성경에서 여기와 주님의 성만찬 이야기에서만 나온다 (눅 22:19; 고전 11:24-25). 이것은 우연일 수도 있으나, 그 단어가 암시하는 대조를 생각하지 않을 수 없다. 옛 언약에서는 매년 죄를 "생각하게" 한다. 새 언약에서는 우리의 죄를 효과적으로 다루신 그분을 매주 "생각하게" 한다.

저자는 이제 그가 주장하려는 근본적인 요지를 요약한다: "이는 황소와 염소의 피가 능히 죄를 없이 하지 못함이라" (4절). 그렇다면, 모든 문제를 그 표현으로 종결할 수 있을 것이다! 누가 그토록 공허하고 그토록 무익한 옛 체계로 돌아가기를 원하겠는가? 너무나 자명(自明)한 것은 동물의 제물이 인간의 죄 문제를 제거할 수 없다는 사실이다.

그렇다면 왜 하나님은 이런 제물을 바치라고 명령하셨는가? 하나님은 그 사람이 자기 행동에 대해 얼마라도 책임을 느끼는 것을 원하셨고 또 그도 자신의 죄에 대하여 무엇인가를 해야 한다. 뿐만 아니라, 우리가 간과하지 말아야 될 사항이 몇 가지 있다.

1. 모세의 율법은 우리가 이미 배운 대로 각종의 죄의 해결책을 제시하지 못했다 (민 15:27-31).

2. 우리가 이미 본 대로, 그리스도의 죽음은 첫 언약 밑에서 살던 사람들에게도 효과가 있다 (9:15).

3. 첫 언약 밑에서도 많은 선지자들은 하나님이 그 백성으로부터 피와 살의 제물 이상을 기대하신다는 것을 가르쳤다. 우리는 앞으

로 이 사실을 분명히 해 줄 몇몇 구약성경을 주목할 것이다.

4. 오경의 율법은 스스로의 불충분을 드러내며 따라서 간접적으로 그리스도를 가리킨다.

온전한 제물 (10:5-10)

이 단락에서 우리는 시편 40편 6-8절에 나오는 아름다운 구절들을 본다. 여기에 인용된 단어들은 영원하신 아들과 아버지 하나님 사이에 이루어지는 대화인데, 아들이 입을 열어 말을 한다. 레위의 제물은 완전히 효과가 없기 때문에, 그리스도가 이 피조물의 세계로 와서 제물이라는 하나님의 뜻을 온전히 이루기로 작정하신다.

시편의 말씀은 이렇다: "전체로 번제함과 속죄제는 기뻐하지 아니하시나니, 이제 내가 말하기를, '하나님이여, 보시옵소서; 두루마리 책에 나를 가리켜 기록한 것과 같이 하나님의 뜻을 행하러 왔나이다' 하시니라"(6-7절).

많은 제물을 하나님에게 드려도 충분치 않다고 하는 구약의 성경 구절은 많다:

> 내가 네 집에서 수소나 네 우리에서 수염소를 취치 아니하리니; 내가 수소의 고기를 먹으며 염소의 피를 마시겠느냐? (시 50:9, 13)

> 주는 제사를 즐겨 아니하시나니; 그렇지 않으면 내가 드렸을 것이라. 주는 번제를 기뻐 아니하시나이다. (시 51:16)

> 여호와께서 말씀하시되, 너희의 무수한 제물이 내게 무엇이 유익하뇨?; 나는 수양의 번제와 살진 짐승의 기름에 배불렀고, 나는

수송아지나 어린양이나 수염소의 피를 기뻐하지 아니하노라. (사 1:11; 렘 7:21-22; 암 5:21-23; 미 6:6- 7 참조)

이 말씀들을 문맥 전체를 통해 읽으면, 하나님에게 드리는 제물이 반드시 참된 순종의 마음을 동반해야 된다는 것을 분명히 한다:

감사로 하나님께 제사를 드리라. (시 50:14)

하나님의 구하시는 제사는 상한 심령이라. (시 51:17)

내가 주의 뜻 행하기를 즐기오니, 주의 법이 나의 심중에 있나이다. (시 40:8)

시편 40편은 이 원리에 대한 정통적인 표현이다. 앞으로 오실 메시야는 하나님의 마음을 알기에 하나님의 뜻도 아신다. 번제와 속죄제는 죄의 문제를 해결할 수 없었다. 그러므로 그에게 주어진 "몸"을 사용하여 하나님의 온전한 뜻을 이루겠다고 아들은 선언한다.

원래 시편 기자는 하나님의 법에 대한 순종을 읽은 후, 그 자신과 연관시켜서 위의 말씀을 하였다. 그러나 저자는 이 말씀에 내포된 훨씬 더 깊은 의미를 본다. 저자에게 이 말씀은 다름 아닌 예수님을 가리키며, 그분은 세상에 있는 동안 언제나 하나님에게 절대적으로 순종하셨다. 그의 마음에는 "나의 뜻이 아니라 당신의 뜻"이 있었는데, 하나님의 뜻은 비유적으로 말하면 바로 성경, 곧 말씀 안에 있었다.

그러므로 그리스도는 인간이 되셔서 효과 없는 희생 제도를 뜯어고치고 또 그 대신 완전히 새로운 것--자신을 자유롭게 그리고 사랑으로 드리는 새로운 것--으로 대체하셨다. 결과적으로--여기에서 저자는 그의 논지를 강조하기 위하여 강력한 언어를 사용한다--"그 첫 것을 폐하심은 둘째 것을 세우려 하심이니라" (9절). "폐하다"는 단어는 흔히 "난폭한 살해"를 가리킨다. 그 단어는 베들레헴에 있는 어린 남자들을 "죽이는 데" (마 2:16), 예수님을 처형하는 데 (눅 23:32; 행 10:39), 그리고 "그 입의 기운으로" 저 불법한 자를 최후로 "죽이는 데" 사용된다 (살후 2:8). 여기에서 핵심은 그리스도가 레위의 제사법을 영원히 "소멸시키셨다"는 것이다.

결국, 이 시편에서 언급한 것처럼, 하나님의 완전한 뜻은 그리스도의 온전한 순종이다. 실제로 여기에서 "뜻"은 두 가지 측면을 지니고 있다. 한 가지 측면에서 볼 때, 그것은 그리스도가 와서 이루신 하나님의 뜻이다. 다른 측면에서 볼 때, 그것은 그리스도 자신의 뜻이다. 그리고 그런 두 뜻은 그리스도가 하나님에게 온전히 순종하실 때 온전히 하나로 융합(融合)된다.

저자에 의하면 그 뜻을 따라 "예수 그리스도의 몸을 단번에 드리심으로 말미암아 우리가 거룩함을 얻었노라" (10절). 이미 우리가 살펴본 것처럼, "거룩함"은 예배를 통하여 하나님에게 나아가게 하는 예식적인 정화(淨化)를 가리킨다. 예수님이 우리를 위하여 십자가로 가셨고, 하나님은 죄를 용서하셨다. 그 문장 끝에 있는 "단번에"는 예수님이라는 희생이 마지막임을 다시 강조한다.

하나님 우편에 앉으시다 (10:11-18)

우리는 이제 이 위대한 중심 부분의 끝에 와 있다. 단번에 드려진 그리스도의 희생은 영원히 살아서 효과를 발휘한다. 저자는 우리 앞에 생생한 대조를 보임으로 이것을 강조한다.

"〔유대인〕제사장마다 매일 서서 섬기며 자주 같은 제사를 드리되, 이 제사는 언제든지 죄를 없게 하지 못하리라"(11절; 1절 참조). 모든 단어는 힘이 있다. "마다"는 오랜 세월에 있었던 많은 제사장들을 가리킨다. "매일"은 제사장들이 똑같은 장소에서 똑같은 제물을 반복해서 드린다는 것을 강조한다. 그리고 "서서"는 모든 제사장들이 예외 없이 거기에 서 있었다는 것을 가리킨다. 세상에 속한 장막에는 한 가지 가구, 곧 의자가 유별나게 없었다는 것을 기억하라. 거기에는 제사장을 위하여 마련된 의자도 없었고, 대제사장을 위하여 마련된 보좌도 없었다. (선한 대제사장이 지성소 안에 들어가서 하나님 앞에 잠시 동안 앉아 있을 수 있다면 얼마나 좋았겠는가!) 그러나 제사장들은 거행해야 할 예식이 너무나 많았고, 거기다 앉을 자리도 없었다. 그래서 그들은 똑같은 것을 항상 드렸으나, 결과는 언제나 똑같이 무익했다.

이 모든 것이 거룩한 보좌에 앉으신 저 위대한 제사장이요 왕이신 분과 대조된다. "오직 그리스도는 죄를 위하여 한 영원한 제사를 드리시고 하나님 우편에 앉으셨느니라"(12절). 히브리서 전체가 그렇듯이, 언어는 정교한 비유로 표현된다. 하나님에게는 문자적으로 오른 편이 없다; 그리스도도 문자적으로 하늘에 앉아 있지 않으신다. 비유적으로 그리고 예식적으로, 그리스도는 하나님 다음에 앉아 계시며, 그것은 구속의 사역을 완성하셨다는 것을 증명한다. 제사장으로서 그리스도는 드릴 것이 있어야 했다 (8:3). 그것은 얼마나 어마어마한 희생인가!

스스로 낮아져서 이 세상에 오신 그리스도는 이제 하늘에 올라서 시편 110편 1절에서처럼 "자기 원수들로 자기 발등상이 되게 하실 때까지" 기다리신다 (13절). 그것은 그리스도 편에서는 완전한 승리요, 원수 편에서는 절대적인 굴복이다. 왜? 이미 잊을 수 없는 진리가 되었으나, 다시 언급한다면 다음과 같다: "저가 한 제물로 거룩하게 된 자들을 영원히 온전케 하셨느니라" (14절).

히브리서 8장에서 저자는 예레미야 31장의 말씀을 소개하면서, 그리스도의 탄생 훨씬 이전에 하나님이 그 백성을 위하여 새로운 언약을 구상하셨다는 것을 증명한 사실을 기억하라. 옛 언약은 마음에 새겨진 새롭고 더 좋은 언약 앞에서 폐기되어야 했다. 저자는 여기에서 다시 예레미야를 인용하는데, 이번에는 특별히 다른 것도 첨가한다. 저자는 말한다, 성경에서 성령이 말씀하시되, "주께서 가라사대, 그 날 후로는 저희와 세울 언약이 이것이라 하시고, '내 법을 저희 마음에 두고 저희 생각에 기록하리라' 하신 후에 또 저희 죄와 저희 불법을 내가 다시 기억치 아니하리라" (15-17절).

왜 저자는 지금 이 예레미야 말씀을 다시 언급하는가? 왜냐하면 그 말씀은 무엇보다도 새 언약을 더 좋은 것으로 만드는 새 언약의 약속에 초첨을 두기 때문이다 (8:6). 세상의 십자가 위에서 그리스도는 죄를 위하여 자신을 희생하시면서 제물에 대한 하나님의 뜻을 기꺼이 완수하셨다. 하나님은 은혜 가운데 그와 같은 제물의 기준을 세우셨고, 또 은혜 가운데서 그 제물을 완전히 받으셨다. 만일 그것이 사실이라면, 저자가 확실하게 말한 것처럼, "이것을 사하셨은즉 다시 죄를 위하여 제사드릴 것이 없다" (18절).

이렇게 해서 히브리서의 장엄한 중심 부분(8:1-10:18)은 가장 분명한 확신과 함께 끝을 맺는다. 그리고 그 확신은 죄의 용서가 우리의 위대한 대제사장에 의하여 우리를 위하여 정말로, 충분히, 마지막으로 쟁취되었다는 사실이다. 옛 제물의 체계는 아무 것도 온전케 할 수 없었다 (7:19); 그 체계는 하나님과 올바른 관계도 가져올 수 없었다. 왜 불가능했는가? 왜냐하면 그 체계는 그런 관계를 위한 어떤 궁극적인 근거를 갖지 못했기 때문이다. 무엇보다도, *옛 언약은 그리스도를 소유하지 못했다*--"영원한 구원의 근원"이신 그리스도를 소유하지 못했다 (5:9).

히브리서 저자는 이것을 확립하느라고 많은 수고를 아끼지 않았다. 이것이 그 메시지의 심장이며 영혼이다. 실제로 이것이 복음의 메시지이다; 이것이 중요한 것은 히브리서가 이 메시지를 위하여 이바지하는 방법 때문이며, 동시에 그리스도의 사도들이 선포한 같은 복음을 가르치고 있기 때문이다. 현대의 석학들이 종종 히브리서를 깊이 연구하면서 이런 핵심을 외면하고 다른 대치물로 만족하고 있는 것은 너무나 유감스러운 일이다!

요약하면, 저자는 우리 앞에 놀라운 기술로 예수님을 우리의 영원한 대제사장으로 제시하였다. 제사장인 예수님은 특히 다른 레위 제사장들과 비교될 때 호적수는 있을 수 없다. 예수님은 처음부터 하나님의 마음에 두셨던 완전한 제사장의 본보기셨다. 그리고 그분은 우리 모두가 필요로 하는 그런 제사장이시다. 어떤 그림자도 여기에는 있지 않다! 그분은 *실제적인* 분이시다!

1. 그분의 성육신은 *실제*였다. 그분은 세상으로 내려오셔서 완전히 혈과 피를 나누셨다. 그분은 그 "형제들"을 부끄러워하지 않으셨다. 모든 면에서 그분은 형제들과 같이 되셨다 (2:11-17).

2. 그분의 고난은 *실제*였다. 저자가 앞으로 말하겠지만, 그분은 "성문 밖에서 고난을 받으셨다" (13:12). 그분은 "십자가를 참으셨다" (12:2). 그분은 "고난으로 말미암아 온전케 되셨다" (2:10). 그분은 아들이라도 고난을 통하여 순종을 "배우셨다" (5:8).

3. 그분의 희생은 *실제*의 장소, 곧 하늘에서 이루어졌다. 유대 대제사장이 섬기던 "세상에 속한 장막" (9:1), 곧 성소와 그리스도가 섬기시는 "손으로 만들지 않은" (9:11) 성소 사이의 차이는 무한하다. 우리를 위한 대제사장으로서 그리스도는 영광스럽게 하늘에 들어가셨다. 그분은 무엇을 주셨는가? 물론 송아지와 염소의 피가 아니었다! 자신의 영원한 영을 통하여 그리고 자신의 피를 통하여 그리스도는 하나님 앞으로 가셨다. 거기에서 그분은 하늘에 있는 시은좌 위에 자신의 피를 뿌리셨다.

4. 그분의 용서는 *실제*이다. 죄의 용서란 아버지 앞에 드린 그리스도의 피가 "영원한 속죄"를 이룰 때만 가능하다 (9:12). 옛날 어떤 왕은 습관적으로 과거에 일어난 이런 저런 일을 상기시켜 주는 특별 수행 비서를 데리고 다녔다. 그 수행 비서는 언제라도 참고할 수 있도록 연대와 사건을 일일이 기록하였다. 그는 "비망록"과 같은 사람이었다. 그러나 그리스도 때문에 우리는 우리의 허물들을 다시 "기억할" 필요가 없다. 하나님은 말씀하셨다, "내가 저희의 죄를 다시는 기억하지 아니하리라."

결국 그림자를 실제로 바꾼 분은 바로 그리스도이시다. 그분의 피는 실제로 죄로 물든 양심을 다룰 수 있다. 그분의 피는 우리의 죄를 씻을 수 있다. "화로다, 화로다, 화로다" 대신, 확신과 큰 기쁨을 가지고 우리는 말할 수 있다, "하나님, 예수 그리스도를 인하여 감사합니다. 하나님, 감사합니다. 하나님, 감사합니다." "할렐루야! 얼마나 놀라운 구제주이신가!"

질 문

1. 어떻게 율법이 "장차 오는 좋은 일의 그림자"인가를 설명하라 (10:1). 속죄일이 어떻게 "죄를 생각나게 했는가" (10:3)?

2. "황소와 염소의 피가 능히 죄를 없이 하지 못하리라"는 말의 중요성을 토론하라 (10:4).

3. 어떻게 시편 40:6-8이 그리스도의 희생에 걸맞는가?

4. 히브리서 10:10은 요절이다. 다음의 용어를 설명하라: "뜻," "거룩함," "드림," "몸," "단번에."

5. 히브리서 10:11-18은 장엄한 중간 부분 (8:1-10:18)의 요약이다. 이 요약의 요점들은 무엇인가? 당신은 이 요점들을 저자가 앞서서 언급한 것들과 함께 보여 줄 수 있는가?

6. "그림자를 실제로 바꾼 분은 바로 그리스도이시다." 이 말을 논평하라.

11

가까이 가라는 부름

히브리서 10:19-39

참 마음으로... 나아가자.

히브리서 10:22

잠시 히브리서의 중간 부분의 논리적인 배열을 복습해 보자.

5:11-6:20	권면: 성숙에 관한 가르침
7:1-28	멜기세덱과 같은 그리스도
8:1-10:18	영원한 구원의 근거인 그리스도
10:19-39	권면: 가까이 가라는 부름

히브리서의 구성이 얼마나 균형 잡혔으며 또 얼마나 그리스도에게 초점을 두는지 보라.

저자는 이제 "구원의 영원한 근거"(5:9 참조)인 그리스도에 대한 최고의 설명을 마쳤다. 우리의 대제사장인 그리스도는 드릴 것이 있었는데, 바로 *자신*이었다. 그토록 희생적으로 그리고 기꺼이 드린 그분의 피는 어지러워진 양심에 대한 하나님의 최후 구제책이다.

가까이 갈 수 있는 확신 (10:19-25)

히브리서 10장 19절부터는 수준 높은 권면의 시작이다. 실제로, 히브리서의 남은 부분은 권면과 경고를 놀랍게 배열한 것이다.

그리스도인들은 죄책(罪責)에 물든 양심에서 해방되었는데, 그 목적은 "살아 계신 하나님을 섬기도록 〔예배드리도록〕" 하기 위함이다 (9:14). 이제 저자는 독자들에게 바로 이것을 하라고 간청한다. 저자는 이렇게 말한다, 왜 바로 하나님 앞으로 가서 그분에게 감사의 예배를 드리지 않겠는가? 저자의 호소는 이렇게 시작된다, "그러므로, 형제들아, 우리가 예수의 피를 힘입어 성소에 들어갈 담력을 얻었느니라." "성소"는 하늘에 있는 것이다; 그리고 우리 모두는 그 곳으로 들어가라는 격려를 받고 있다. 요지는 이렇다: 비록 우리가 여전히 믿음으로 살지만 (23절), 휘장이 제거되었으니 이제 우리는 충분한 자유를 가지고 하나님이 계신 곳으로 들어갈 수 있다. 물론 이것은 우리의 업적이 아니라, 온전히 우리의 **아름다운 구세주시며 대제사장**이신 예수님의 속죄하는 피 때문이다.

하나님에게 나아가는 이 길은 "새롭고" 또 "산" 길이라고 덧붙여서 묘사된다. 그 길이 "새로운" 이유는 최근에 열려진 길이기 때문이다. 그 길이 "산" 이유는 "생명을 주는," 다시 말해서 영생으로 인도하는 길이기 때문이다. 저자는 계속해서 말한다, 이 길은 그리스도가 "휘장, 곧 저희 육체로" 여셨다 (20절). "휘장"이 인간과 하나님 사이에 있었다. 비유적으로 말하면, 저자는 휘장이 그리스도의

육체라고 한다. 다시 말해서, 그분의 육체적 죽음은 휘장처럼 하나
님 앞으로 가는 입구와 그분 사이에 있었다. 어떻게 하나님에게 나
아갈 수 있는 길이 확보되었는지를 묘사하기 위하여 저자는 두 가
지 사실을 대조적으로 보여 준다:

> 예수의 피를 힘입어 (19절)
> 저의 육체를 통하여 (20절).

그리고 저자는 덧붙인다. "우리에게 하나님의 집 다스리는 큰 제
사장이 계시매…온전한 믿음으로 하나님께 나아가자" (21-22절;
4:14; 3:6 참조). "나아가자"는 말은 우리가 "하나님에게 나아가
자"의 의미이다 (10:1; 7:25; 11:6 참조). 4장 16절의 비슷한 권
면은 우리가 기도에서 은혜의 하나님에게 나아가라는 것이다. 여기
에서의 권면은 모든 국면의 예배에 나아가라는 보다 일반적인 의미
이다. 우리는 다시 "하자"는 권면을 주목하자:

> 믿음으로…나아가자. (22절)
> 우리의 소망을…굳게 잡자. (23절)
> 사랑을…격려하자. (24절)

믿음과 소망과 사랑은 그리스도인의 삶을 위한 기초석이다. 이
세 가지는 11-13장에서 더욱 깊이 전개될 것이다.

우리는 "참된 마음"으로 하나님에게 나아가야/예배드려야 한다.
이것은 외적으로만 온전하게 되어 죽은 마음을 가지고 하나님 앞으
로 나온 레위의 제사장과는 같지 않다. 이것은 "믿음의 큰 확신"을

가지고 (6:11 참조)--눈꼽만큼의 의심이나 주저함이 없이--진지하게 들어와야 한다.

예배를 통하여 하나님에게 나올 수 있는 특권은 일정한 조건을 만족시켰다는 것을 전제로 한다. 우리는 이미 "마음에 뿌림을 받아 양심의 악을 깨닫고 몸을 맑은 물로 씻었다" (22절). 이것은 비유적으로 우리의 마음이 그리스도의 피로 뿌림을 받았기에 우리의 죄로 책망된 양심이 자유롭게 되었다는 뜻이다 (9:14 참조). 우리가 "씻었다"는 말은 우리의 세례를 회상시킨다 (행 22:16 참조). 바울도 비슷한 언어를 사용한다: "주 예수 그리스도의 이름과 우리 하나님의 성령 안에서 씻음과 거룩함과 의롭다 하심을 얻은 자 되었느니라" (고전 6:11; 엡 5:26; 딛 3:5 참조).

권면은 계속된다: "또 약속하신 이는 미쁘시니, 우리가 믿는 도리의 소망을 움직이지 말고 굳게 잡자" (23절). 이전에 저자는 독자들에게 이와 유사하게 어떤 장애가 있더라도 그리스도를 "굳게 잡으라"고 부탁하였다 (3:6, 14; 4:14). 여기에서 "소망"은 6장 18절에서 우리 앞에 있는 소망을 "붙잡아야" 하는 것처럼, 우리가 소망하는 것을 가리킨다. 소망의 근거는 그리스도가 제사장으로 하늘의 장막에 들어가신 것(6:19을 비교하라)과 결코 거짓일 수 없는 하나님의 약속(6:18)과 직접적으로 연관되어 있다.

믿음과 소망에다 저자는 사랑을 첨가한다. "서로 돌아보아 사랑과 선행을 격려하자" (24절). 본래 헬라어에서는 "방법을 돌아보아"가 아니라 "서로를 돌아보라"이며, 그 결과 사랑과 구체적인 선행에 박차를 가하게 된다는 개념이다. 사랑과 선행은 저절로 생기지 않는다.

우리 모두에게 필요한 것은 서로 주고받는 사랑과 격려이다. 이런 것은 물론 그리스도인들이 모인 곳에 있어야 마땅하다. 다음 구절은 이렇게 말한다. "모이기를 폐하지 말고…서로 권면하라"(25절). 왜 우리는 함께 모여야 하는가? 왜냐하면 우리도 첫 독자들처럼 권면을 필요로 하며, 모임에서 적극적으로 다른 사람들을 격려해야 할 필요가 있기 때문이다. 그리고 서로를 격려함으로 우리는 히브리서를 "권면의 말"로 간주한 저자와 마음을 같이 하기 때문이다 (13:22; 3:13참조).

핍박을 받는 그리스도인들은 특히 그런 격려를 필요로 한다. 슬프게도 일부 그리스도인들은 그들이 가장 필요로 하는 것에서 떨어져 나가 버렸다. 그리고 서로를 가르치는 것도 그만큼 중요한데, "그 날이 가까워지고" 있기 때문이다. "그 날"은 헬라어 문장에서는 마지막으로 나오는 단어로 특별히 강조된다. 그들에게 다가오는 그 날은 "주님의 날," 곧 하나님이 마지막으로 심판하시는 날이다. 25절에 있는 마지막 문장이 어떻게 다음 구절과 연관되어 있는지를 주목하라. "만일 우리가 짐짓 죄를 범하면"(26절), 거기에서 우리를 기다리고 있는 것은 무엇인가? 무서운 마음으로 심판을 기다릴 뿐이다 (27절).

배교에 대한 또 다른 경고 (10:26-31)

"그 날"은 불신과 배교에 대한 차원 높은 경고로 이어진다 (3:12 참조). "우리가 진리를 아는 지식을 받은 후 짐짓 죄를 범한즉, 다시 속죄하는 제사가 없으리라" (26절). 보다시피, 6장 4-8절과 비슷한 심각한 어조로 이 말씀이 시작된다. 여기서처럼, 거기서도 믿음에서 완전히 떨어져나가는 것이 얼마나 위험한가를 말해 준다. 저자는 인간의 연약과 유혹에서 짓는 평범한 죄를 가리키지는 않는다. 우리가 앞에서 본 것처럼, 그리스도는 우리의 실패를 깊이 "느끼시며," 우리가 잘못 갈 때 우리를 "온유하게 다루신다" (4:15; 5:2).

대조적으로 저자는 민수기 15장 30절에 기록된 그런 종류의 죄--"고자세로" 지은 죄--를 말하는 것이다. 이런 죄는 무엇인가? 그 말씀 자체가 설명한다. 어떤 사람이 "여호와를 훼방했으며" 그 결과 "그 백성 중에서 끊쳐질 것이라....그 죄악이 자기에게로 돌아가리라" (민 15:30-31). "끊쳐진다"는 말의 의미는 다음 단락에서 보여 주는데, 그 단락에 의하면 하나님은 안식일에 나무하는 사람을 돌로 쳐 죽이라고 명령하셨다 (32-36절).

"짐짓"은 26절의 헬라어 문장에서 제일 먼저 나오는 것인데, 반항적인 성격을 띤 죄를 강조하기 위하여 묘사한 단어이다. 저자가 염두에 둔 것은 진리를 받은 후 의도적으로 그 진리를 거부하며, 한 번 마음에 비춰진 빛 밖으로 나가며, 두 눈을 뜬 채 어두움을 선택하는 것이다. 저자는 죄의 행위보다는 죄의 상태를 말한다--

"짐짓 죄를 범한즉." 누가 그런 죄를 범하든 상관없이, 민수기의 말 대로, "그의 죄가 그 위에 있을 것이다." 만일 어떤 사람이 그리스 도를 버리고 그의 언약을 거부하면, 어디에 가서 용서를 구하겠는 가? 황소와 염소의 피로 용서를 구하겠는가? 아니다! 바로 이것이 요점이다. 만일 어떤 사람이 감히 그리스도를 거부하면, 그가 갈 곳은 한 군데도 없다. 그는 유일한 소망을 걷어찬 것이다!

만일 죄의 그 결과가 이처럼 따른다면, 뻔히 알면서도 의도적으 로 죄에 계속 거하면 "무서운 마음으로 심판"을 기다릴 수밖에 없다 (27절). 이것은 하나님의 원수를 기다리는 심판으로, "대적하는 자 를 소멸할 맹렬한 불"이다.

배교에 대한 하나님의 맹렬한 분노는 모세의 법을 언급하면서 그 강도(强度)를 더한다. 신명기 17장 2-7절에 의하면, 우상 숭배 의 죄를 범한 자는 남녀를 막론하고 "두세 사람의 증인"만 있으면 긍휼 없이 죽어야 했다. 만일 모세의 법 밑에서도 그런 것이 사실 일진대, 저자의 변론이다, 진리를 받은 후 그리스도의 구원이라는 축복을 드러 내놓고 거부하는 사람이 받을 형벌이 "얼마나 더 중하 겠는가?"

이 단락은 분명하게 뻔뻔스러운 반항과 배교에 대한 가르침이 다. 저자는 "짐짓 죄를 범하는" 사람을 더 정의한다. 배교자는 (1) "하나님의 아들을 밟는다." "밟다"는 소금 길을 끊임없이 밟는 것처 럼, "발 아래로 밟아 뭉개는 것"을 의미한다 (마 5:13 참조). "하나 님의 아들"을 발로 밟고 간다는 것은 그분을 부인(否認)할 뿐 아니라 인격적으로 모독하는 것을 시사한다.

배교자는 (2) "자기를 거룩하게 한 언약의 피를 부정한 것으로 여긴다." 이것은 물론 그리스도의 속죄하는 피, 곧 새 언약을 세운 피를 가리킨다 (9:15-22; 13:20). 배교자는 한편 그리스도의 피를 다른 사람의 피와 마찬가지로 보며, 또 한편 그분의 언약을 무가치하고 무의미하게 본다. 아이로니컬하게도 배교자는 그리스도의 피--한 때 자기를 거룩하게 만들었던 바로 그 피--를 "부정하게" 여긴다.

배교자는 (3) "은혜의 성령을 욕되게 한다." 그리스도를 경멸하는 배교자는 하나님의 구속적 은혜가 넘치게 한 성령도 모독한다. 이전의 그리스도인들이 어떻게 이런 행동을 할 수 있는지 상상조차 할 수 없다! 그러나 계속해서 죄를 범하는 굳은 마음의 소유자들은 갈수록 신랄해진다. 이처럼 그들은 그리스도에게 반항했고 또 완강한 원수가 되었다. 독자들이여, 그 때나 지금이나 주의하자.

진정으로 이처럼 대적하는 자들에 대한 하나님의 심판은 피할 수 없다. 하나님은 성경에서 이렇게 말씀하시면서 선언하신다, "'원수 갚은 것이 내게 있으니 내가 갚으리라' 하시고, 또 다시 '주께서 그의 백성을 심판하리라'고 하신다." 신명기에 있는 모세의 노래에서 인용된 이 표현(32:35-36)은 유대인들에게는 잘 알려진 말씀이며 따라서 그 효과도 클 수밖에 없었다.

어두운 이 단락은 다음의 마지막 경고로 끝이 난다: "살아 계신 하나님의 손에 빠져 들어가는 것이 무서울진저" (31절). 문장은 짧으나, 논지는 날카롭다. "무서울진저"가 헬라어 문장에서는 제일 먼저 나오는 단어이다. "오직 무서운 마음으로 심판을 기다리다"(27절)와 하나님의 보복의 손에 빠져 들어가는 것이 "무섭다"를 주목하라. 결코 실수하지 말라. 배교자에게 거룩한 형벌은 반드시 찾아온다.

그러나 하나님을 꾸준히 의지하는 사람들에게는 모든 것이 너무나 다르다는 것을 기억하라. 다윗은 깊은 신뢰로 이렇게 말했다: "여호와께서는 긍휼이 크시니, 우리가 여호와의 손에 빠지리라"(삼하 24:14). 믿는 자들에게는 하나님의 손길만큼 온유한 것은 없다.

인내하라는 권면 (10:32-39)

배교자들의 종말은 얼마나 소름끼치는 모습인가! 독자들은 뒤로 물러나서 떨어져 나갈 것인가, 아니면 그리스도인의 길을 계속할 것인가? 여기에서 그리고 이 장 남은 부분에서 저자는 독자들에게 영웅적인 인내를 가지라고 부른다.

사실상, 그들은 그렇게 시작했었다. 저자는 말한다, "전날에 너희가...고난의 큰 싸움에 참은 것을 생각하라"(32절). 그 때가 정확하게 언제인지 우리는 모른다.

그러나 분명한 것은 독자들의 회심 직후, 그들이 그리스도의 새로운 빛으로 "비췸을 얻은" 직후, 핍박의 기간이 시작되었다. 그들은 용감하게 참아왔었다. 그들은 많은 고난을 받은 바 있었다. 때로는 그들이 "비방과 환난으로써 사람에게 구경거리가 되었다." 또

때로는 "이런 형편에 있는 자들로 사귀는 자 되었다."

그뿐 아니라, 그들은 "갇힌 자를 동정했고," 그들의 "산업을 빼앗기는 것도 기쁘게 당했다" (34절). 그들은 감옥에 갇힌 동료들을 찾아갔고 또 음식을 주었다--성스러운 그리스도인의 책임이다 (13:3; 마 25:31-46). 그들은 그리스도인이라는 이유 때문에 그들의 재산도 강제로 빼앗겼는데, 십중팔구 군중이 약탈했을 것이다. 그러나 이런 모든 시련 가운데서도 그들은 예수님이 가르치신 대로 (마 5:12) 그리고 제자들이 그랬던 것처럼 (행 5:41) 기뻐했다. 그들의 보물은 하늘에 있었다. 그들은 "더 낫고 영구한 산업이 있는 줄" 알고 있었다.

그들의 영광스러운 과거를 상기시킨 후 저자는 이제 그들에게 호소한다. "그러므로 너희 담대함을 버리지 말라. 이것이 큰 상을 얻느니라" (35절). "버리라"는 "굳게 잡으라"의 반대말이다 (10:23; 3:6, 14 참조). 요점은 바로 이것이다: 그들이 그토록 많이 견디어 냈는데, 왜 이제 와서 포기한단 말인가? "담대함"은 그리스도의 희생을 근거로 하나님 앞에 확신을 가지고 들어갈 수 있는 신자들의 권리를 가리키는데 (4:16; 10:19), 때로는 "두려움이 없음"과 "용기" 대신 쓰이는 용어이기도 하다. 그런 확신 때문에 그리스도인들은 전쟁터에서 용기를 가질 수 있다.

위기의 순간에도 없어서는 안 될 것은 앞으로 밀어부치는 수고이다: "너희에게 인내가 필요함은 너희가 하나님의 뜻을 행한 후에 약속을 받기 위함이라" (36절). 모세는 보이지 않는 하나님을 바라보면서 견디어 냈다 (11:27). 예수님은 십자가의 굴욕을 견디어 내셨다 (12:2). 그러므로 독자들도 역시 견디어 내야 한다. 무엇을 견디어 내야 하는가? 하나님의 뜻을 행하면서 인내해야 한다. 비록 그것이 고난을 의미한다 해도 말이다 (벧전 4:19 참조). 이 권면은 4장의 권면과 비슷하다: 너희의 믿음을 굳게 잡아라; 약속된 기업을 얻기 위하여 모든 노력을 경주(傾注)하라.

그렇다면 언제 그 기업이 그들의 것이 되는가? 하늘의 시간표에 따르면 그 약속의 성취는 조만간 일어날 것이다. "잠시 잠깐 후면, 오실 이가 오시리니 지체하지 아니하시리라" (37절). 다음 절까지 계속되는 인용문은 이사야 26장 20절과 하박국 2장 3-4절을 합친 것이다. 어려움과 시험을 당하던 초대 그리스도인들은 아주 자연스럽게 울부짖으면서 참으로 구원이 올지 궁금해 했다. 저자는 잠시 잠깐만 기다리면 "오실 이"(메시야)가 분명히 나타나시리라고 대답한다.

하박국의 인용문은 계속된다: "오직 나의 의인은 믿음으로 말미암아 살리라; 또한 뒤로 물러가면 내 마음이 저를 기뻐하지 아니하리라" (38절). 만일 당신이 로마서와 갈라디아서를 읽었다면 이 말씀을 안다. 바울은 이 말씀을 특별히 강조하면서 인용하는데, 그 강조는 누구든 하나님과 올바른 관계를 갖게 하는 중요한 원리는 예수 그리스도에 대한 믿음이다 (롬 1:17, 5:1; 갈 3:11, 2:16 참조).

그런데 "믿음"이란 단어는 종종 "신실함"의 의미를 지닌다. 여기서는 바로 그런 의미이다. 옛 선지자 하박국은 하나님에게 불평을

털어놓으면서, 얼마나 오랫동안 하나님이 그 백성으로 하여금 원수들에게 압박을 받아야 하는지 물었다. 하나님의 대답은 이렇다: 절대자인 당신이 알맞은 때에 악한 자들을 파멸시키겠다. 그 동안 의로운 자들은 신실하게 살아야 한다.

하박국과 히브리서는 비슷한 상황을 제시한다. 한편 선지자는 외친다, 얼마나 오랫동안? 또 한편 고난당하는 그리스도인들은 왜 주님이 빨리 오시지 않는지 답답해 하고 있는 것 같다. 만일 하박국에서 비전이 분명히 온다면, 히브리서에서 "오실 이"는 머뭇거리지 않고 오실 것이다. 그리고 만일 하박국의 시대에 의로운 자들이 하나님을 신실하게 붙잡아 구원받아야 했던 것처럼, 이 편지에 언급된 의로운 자들이 훨씬 더 많은 신실함과 인내를 가져야 한다.

한 마디 더 격려를 하면서 이 장은 끝을 맺는다. "우리는 뒤로 물러가 침륜에 빠질 자가 아니요, 오직 영혼을 구원함에 이르는 믿음을 가진 자니라" (39절). 저자가 다시 한 번 구약의 인용에서 주요한 단어들을 붙잡은 것을 주목하라. 저자는 자신을 독자들의 입장으로 내려가서 자신 있게 "우리"가 "뒤로 물러가는" 사람들 가운데 있지 않다고 말한다. 여기에서 강조된 "우리"는 겁쟁이들이 아니요 자신들의 영혼을 구원할 "믿음"의 사람들이다.

진솔하게 말해서, 우리 앞에는 두 가지 선택 중 하나가 있을 뿐이다. 우리는 믿음으로 하나님을 꼭 붙잡든지 아니면 물러나서 배교하고 그리고 멸망하든지 둘 중 하나이다. 무엇을 선택하겠는가? 하나님은 진실로 당신의 역할을 충분히 하실 것이다. 그러나 우리가 결

정해야 한다: 우리가 마지막에 구원을 받기 원하는지, 우리의 영혼을 소유하게 될지, 확고한 인내로 우리의 생명을 얻을지 말이다 (눅 21:19 참조). 우리가 꾸준한 믿음으로 약속을 기업으로 받는 사람들을 본받을 수 있는 힘을 하나님이 우리에게 주시리라 (6:12).

질 문

1. 10:19와 4:16을 비교하라. 왜 10:19는 "예수의 피"를 포함하는 가? 8:1-10:18을 읽은 후, 우리는 하나님에게 나아가는 확신을 더 가졌다고 확신하는가?

2. 하늘의 성막으로 들어가는 길은 "새롭고" "산" 길인가? "참 마음을 가지고 나아간다는 것"은 무슨 의미인가 (10:22)?

3. 22-24절에서 "하자"라는 표현을 염두에 두면서 토론하자.

4. 우리 모두는 사랑과 서로의 격려를 필요로 하는데, 그렇다면 10:25에 따르면 특히 어디에서 그런 것을 얻을 수 있는가?

5. 앞의 절과 연관해서 의도적으로 죄에 계속 거하는 것에 대한 경고는 어떤가 (10:26)? "하나님의 손에 빠져 들어가는 것이 무서울진저" (10:31).

6. 10:32-34는 핍박을 받은 과거의 독자들에 대하여 무엇을 말하는가? 이제, 그들에게 필요한 것은 무엇인가?

12

믿음으로의 부름

히브리서 11:1-40

이 사람들이 다 믿음으로 말미암아 증거를 받았으나.

히브리서 11:39

우리는 마침내 성경에서 진실로 뛰어난 장 가운데 하나인 위대하고 놀라운 믿음의 11장에 도달하였다. 나는 종종 나의 학생들에게 이런 질문을 한다, "왜 바울은 고린도인들에게 편지를 쓰면서 부활에 대하여 완전히 한 장을 할애했으며 (고전 15장), 왜 사랑에 대한 놀라운 장을 기록했는가 (고전 13장)? 물론 고린도인들이 이런 가르침을 필요로 했기 때문이다! 그러면 왜 히브리서 저자는 믿음에 대한 장을 기록했는가? 왜냐하면 그 독자들이 그런 믿음을 필요로 했기 때문이다! 우리는 사랑이나 믿음의 장을 어떤 특별한 때, 예를 들면, 개인적으로 위기에 처했을 때 읽을 수 있다. 그러나 우리가 기억해야 할 것은 그런 장들은 그 자체가 아름다우나 그래도 일 세기의 환경과 의미를 지닌 편지들의 일부라는 사실이다.

그러므로 우리가 이 위대한 장을 읽으면서 그 장이 어떻게 연결되는지를 살펴보아야 한다. 10장 끝에서 특별히 두 문장이 눈에 띤다: "너희가 인내가 필요함은"(36절); "우리는…믿음〔신실함〕을 가진 자니라"(39절). 12장 처음에 나오는 권면은 이렇다: "….인내로써 우리 앞에 당한 경주를 경주하며"(1절). 그러면 11장을 둘러싸고 있는 열쇠가 되는 개념은 인내와 믿음이다. 믿음은 인내한다. 시련과 쇠사슬과 고문 가운데서도 믿음은 전진을 계속하며, 하나님은 당신의 약속을 이루시기를 기다린다.

독자는 저자가 이미 앞으로 다룰 주제를 구체적으로 언급한 사실을 기억할 것이다. 우리는 그것을 "주제의 선언"이라고 불렀다. 이제 우리는 그 주제의 선언 가운데 네 번째, 곧 **믿음의 사람들**(10:39)을 다루게 되었는데, 그 주제는 12장 11절까지 전개될 것이다.

서 론 (11:1-2)

히브리서 저자는 믿음의 정의가 무엇인지보다는 믿음이 하는 일이 무엇인지로 시작한다. 하나님이 말씀하실 때 믿음은 어떻게 행동하는가? 믿음으로 산다는 것은 무엇을 의미하는가?

첫째, 믿음은 미래에 대한 확신으로 산다. "믿음은 바라는 것들의 확신이다"(1절; 10:22-23 참조). 믿음은 항상 미래를 바라본다. 놀랍게도 이 사실은 너무나 자주 그리고 너무나 다양한 방법으로 언급된다. 아브라함은 "터가 있는 성을 바라보았다" (10절). 모세는 "상 주심을 바라보았다" (26절). 믿음의 사람들은 "고향을 찾아가는" 순례자들이다 (14절). 그들은 "더 나은 본향"을 사모한다 (16절; 13, 20-22, 33, 35 참조).

둘째, 믿음은 보이지 않는 것에 대한 생생한 증거이다. 믿음은 "보지 못하는 것들의 증거이다." 믿음은 오래 본다. 믿음은 보이지 않은 것에 맡기며 또한 그 보이지 않는 것에 의하여 통제된다. 믿음은 "보이지 아니하는 자"를 보기 때문에 (27절) 미지(未知)의 세계로 용감하게 들어갈 수 있다.

믿음으로 살면서 "선진들이 증거를 얻었다" (2절). "선진들"이란 믿음으로 유명한 사람들이며, 저자는 그들에 대하여 언급할 것이다. 그들은 믿음을 근거로 하나님의 승인을 받았으며, 그 결과 성경에 영원히 기록되었다.

처음부터 있던 믿음 (11:3-7)

히브리서를 가르칠 때 나는 종종 학생들에게 이 장을 큰 미술 열람실에 있는 그림들로 생각하라고 한다. 벽에 걸려 있는 대부분의 그림은 초상화인데, 소수의 그림만이 역사적인 사건을 다루었다. 모든 그림 밑에는 이런 제목이 붙어 있다, *믿음으로 노아는, 믿음으로 아브라함은, 믿음으로 모세는* 등등. 그 열람실의 이름은 무엇인가? 입구 위에 이런 현판이 걸려 있다: "믿음의 영웅들."

이제 그 열람실로 들어가서 그림들을 살펴보자. 제일 먼저 눈에

띠는 것은 창조 중에 있는 우주의 그림이다. 저자는 그 그림을 이렇게 설명한다: "믿음으로 모든 세계가 하나님의 말씀으로 지어진 줄을 우리가 아노라" (3절). 오늘날 많은 과학자들이 우주가 "빅뱅"으로 시작되었다는 이론을 전개한다. 우리가 그 빅뱅이 어디에서 왔느냐고 물으면, 물론 과학은 설명하지 못한다. 그러나 우리가 태초에 거기에 있으면서 창조자의 어깨 너머로 보고 있었다고 가정하자. 우리는 정말 더 잘 이해할 수 있겠는가? 믿음은 우리로 하여금 보이는 모든 것이 보이지 않는 것에서 생겼다는 것을 이해하게 한다.

다음 그림은 아벨이다. 그는 제물을 드리고 있다. 저자는 그의 제물이 그의 형 가인의 제물보다 "더 나았다"고 선언한다. 믿음 때문에 아벨은 "의로운 자"--그가 하나님의 뜻을 행했다는 의미에서 의로운 자--였다는 하나님의 인정을 얻었다. 아벨은 최초의 순교자로 죽었으나, 그 믿음의 본보기는 지금도 살아 있다.

아벨 다음으로 에녹의 초상화가 나온다. "에녹이 하나님과 동행하더니, 하나님이 그를 데려 가시므로 세상에 있지 아니하였더라" (창 5:24). 70인역은 하나님이 에녹을 "산 채로 승천시켰다"로 되어 있다. 에녹은 다른 사람들처럼 죽지 않고 세상에서 하늘로 옮겨졌다. 하나님과 함께 동행 내지 살다가 하나님과 함께 천국까지 동행했다.

에녹이 "하나님과 동행하더니" 대신, 70인역은 보다 일반적으로 에녹이 "하나님을 기쁘시게 하였다"로 번역한다. 그런 표현은 저자에게 특히 중요하다. 에녹이 하나님을 "기쁘시게 했다"면 그 말은 히브리서 저자에게는 에녹이 믿음이 있었다는 증거이다. 그러므로 저자는 이렇게 계속한다, "믿음이 없이는 기쁘시게 못하나니" (6절). 믿음은 에녹처럼 하나님을 추구한다; 그리고 믿음은 에녹처럼 풍요로운 보상을 받는다.

앞을 내다보는 노아의 믿음은 뛰어나며, 우리는 이제 그의 그림으로 온다. 그는 무엇을 하고 있는가? 그는 메마른 땅에서 배를 만들고 있지 않은가! 왜? 왜냐하면 하나님이 그에게 임박한 홍수, 곧 "아직 보지 못하는 일"에 경고를 받았기 때문이다 (7절). 예수님이 "경외의 굴복"으로 기도하신 것처럼 (5:7; 헬라어로 *율라베이아*, eulabeia), 노아도 경외함으로 (헬라어는 *율라베오마이*, eulabeomai) 배를 건설하였다. 믿음은 행동한다. 믿음은 하나님에게 굴복하고 또 순종한다.

그리고 믿음이 하나님을 순종할 때, 그 믿음은 그렇지 못한 자들을 정죄할 수밖에 없다. 이런 의미에서 노아는 "세상을 정죄하였다." 그는 하나님의 음성을 듣고 가족과 더불어 방주에 들어갔다. 그런 행동으로 그는 그 주변의 사람들을 정죄하였다. "....홍수가 나서 저희를 다 멸하였으며" (눅 17:27).

족장들의 믿음 (11:8-22)

이처럼 유명한 그림을 계속 둘러보노라면 여러 사람들이 그려져 있는 그림이 나오는데, 그 가운데는 아브라함이 우뚝 솟아 있다. 구약성경에서 그의 믿음의 본보기는 누구도 따라올 수 없다. "믿음으로 아브라함은 부르심을 받았을 때에 순종하여…갈 바를 알지 못하고 나갔노라"(8절). 하나님이 처음으로 아브라함을 부르셨을 때 그는 메소포타미아에 있는 우르에 살고 있었으며 (행 7:2-4 참조); 그 부르심에 그는 즉각적으로 반응을 보였다. 그는 부르시는 소리가 아직도 귀에 쟁쟁할 때 떠났다. 그런데 그에게는 지도도 한 장 없었다!

비록 아브라함이 약속의 땅에 이르렀으나, 그것이 그의 궁극적 목표는 아니었다. 후에 이삭과 야곱이 그랬던 것처럼, 그는 외지 (外地)에서 이방인으로 천막에서 살았다. 영원한 도성이 그의 목표였다. 그는 "하나님의 경영하시고 지으실" 견고한 기초가 있는 도성을 바라보았다 (10절).

사라도 믿음이 있었다. 비록 그녀는 나이 많았으나 "믿음으로… 잉태하는 힘을 얻었다"(11절). 이것은 일부 성경의 번역이지만 (RSV 등), 새국제역본과 새표준개역본은 상당히 다르다. (그런 차이는 헬라어 사본에 따른 것이다.) 사라와 아브라함은 둘 다 확실히 이삭의 출생에 대한 믿음을 가지고 있었다. 비록 사라가 아들을 갖는 다는 것에 대해 처음에는 의심하면서 웃었으나 (창 18:9-15), 그 웃음 때문에 이삭이 태어나기 훨씬 전 믿음을 갖게 되었을 것이다. 사라와 아브라함은 둘 다 모든 나쁜 여건에도 불구하고 "약속하신 이"를 신뢰하였다.

결국 "죽은 자와 방불한 한 사람(아브라함)으로 말미암아 자손들이 태어났다"(12절). 사라도 더 이상 잉태할 수 있는 힘이 없었고,

아브라함도 더 이상 아들을 생산할 힘이 없었다 (롬 4:19 참조). 그러나 하나님의 약속이 분명했기에 이런 모든 장애를 극복할 수 있었다. 그리고 하나님이 약속하신대로, 그들의 후손은 "하늘에 허다한 별과 또 해변의 무수한 모래와 같이 많이 생육하였다" (창 15:1-6; 22:15-18을 보라; 사 51:12 참조).

저자는 이제 잠시 멈추어서 족장들의 인생을 반추(反芻)한다. 그들은 믿음으로 살았고, 그들은 믿음으로 죽었다. 그들은 더 나은 생명, 더 나은 부활을 보았다 (11:35 참조). 저자는 이것을 독자들의 마음에 새겨 주기를 원한다. 그들도 역시 외지에 있는 나그네처럼, 그들은 위해 하늘에 예비된 더 나은 것을 바라보면서 살고 또 죽어야 한다.

족장들은 실망 가운데서가 아니라 소망 가운데서 죽었다. 그들은 멀리에 있는 하나님의 약속이 성취될 것을 환영했다. 이것을 그들은 믿음에 의하지 않고는 "볼" 수 없었다 (1절 참조). 그런 믿음 때문에 "이 사람들은…땅에서는 외국인과 나그네"라는 사실을 인정하였다 (창 23:4; 대상 29:15를 보라).

족장들의 삶은 그들의 고백과 일치하였다. "이같이 말하는 자들은 본향 찾는 것을 나타냄이라" (14절). 그들은 갈대아의 우르로 돌아갈 수도 있었으나, 결코 그렇게 하지 않았다. 그들은 일생을 순례자로 살면서, "더 나은 본향…곧 하늘에 있는 것"을 사모했다 (16절). 하늘나라를 목표로 삼은 족장들을 하나님은 자랑스럽게 당신의 소유로 인정하셨다. 사실상, 하나님은 그들을 위하여 당신의 도성을 준비하셨다 (10절 참조).

그러나 믿음은 시험되었다. "아브라함은 시험을 받을 때에, 믿음으로 이삭을 드렸으니, 저는 약속을 받은 자로되 그 독생자를 드렸느니라" (17절). 이 한 구절에 이삭을 "드렸다"는 말이 두 번이나 나온다. 그런데 그 말은 다른 두 단어가 사용되면서, 실제로 무엇이 일어났는지를 설명한다. 아브라함의 입장에서 보면, 하나님의 명령을 따르기 위하여 갈 데까지 갔다--"그가 이삭을 드렸다." 다시 말해서, "그는 이삭을 드릴 준비가 되었다." 하나님의 입장에서 보면, 그 제물을 중단시키시기는 했어도 아브라함은 진실로 순종했고 또 이삭을 "드렸다."

아브라함의 믿음에 미친 긴장은 극도였다. 사랑하는 아들, 이삭 속에는 하나님이 친히 약속하신 모든 소망과 약속이 들어 있었다. 어떻게 하나님은 이삭의 죽음을 명령하실 수 있단 말인가? 아브라함은 생각하고 또 생각했다. "저가 하나님이 능히 죽은 자 가운데서 다시 살리실 줄로 생각한지라" (19절). 창세기 22장 1-19절을 읽어라. 아브라함이 이삭을 바치러 가는 모습을 그려보라. 그는 결코 기쁨으로 달리지도 않고 "할렐루야!"를 외치지도 않는다. 그렇다고 그가 주저하거나 하나님의 사랑을 의심하는 것도 아니다. 아니다, 그는 믿음으로, 자발적으로 그리고 순종하면서 간다. 그리고 그의 큰 믿음은 큰 보상을 받았다. 그는 말하자면 이삭을 죽은 자 가운데서 돌려받은 셈이었다.

아브라함의 믿음은 그의 아들들 가운데서 재현되었다. 이삭과 야곱은 믿음으로 앞을 내다보면서 그들의 아들들을 축복하였다. 요셉은 믿음으로 이스라엘의 출애굽을 내다보았다. 하나님의 백성과 하나님의 약속을 떠나지 않으려는 간절한 마음으로 그는 그의 뼈를 옮기라는 지시를 내렸다 (창 50:24-25; 출 13:19과 수 24:32 참조).

모세의 믿음 (11:23-28)

히브리서 저자는 다음으로 모세의 믿음으로 옮긴다. 모세! 그토록 오랫동안 시련을 겪었으나, 그 결과 그토록 빛나고 놀랍게 변화된 그의 믿음을 생각해보라. 지금까지 그랬던 것처럼, 저 위대한 전람회장 안에 있는 그림들을 보듯, 모세의 일생을 여러 각도에서 살펴보자.

모세의 믿음은 부모의 믿음과 함께 시작된다. "믿음으로 모세가 났을 때에 그 부모가…석 달 동안 숨겼느니라"(23절). 출애굽기 2장은 어린 아기인 모세가 어떻게 생명을 건졌는지를 기록한다. 바로가 갓 태어난 히브리 아들들을 죽이라는 명령을 내렸지만, 모세의 부모는 두려워하지도 않으면서 왕의 칙령을 무시했다. 저자가 독자들에게 지적하고 싶은 것은 믿음이란 두려워하지도 않고 낙망 가운데 포기하지도 않는다는 사실이다.

그러므로 모세의 믿음에서 처음 대하는 초상화는 그의 부모이다. 그 다음은 젊은 모세의 그림이다. "믿음으로 모세는 장성하여 바로의 공주의 아들이라 칭함을 거절하였다"(24절). 바로의 딸의 아들이 된다는 것은 애굽의 왕좌를 물려받을 수 있다는 뜻이다.

그러므로 모세는 위기의 결정을 하지 않으면 안 되었다. 한 편에는 특권의 지위와 헤아릴 수 없는 보물로 가득한 바로의 궁궐이 있었다. 다른 편에는 "하나님의 백성과 함께 하는 고난"이 있었다. 모세는 믿음으로 잠시의 "죄악의 낙"보다는 고난을 택했다. 그는 하나님의 백성에게 등을 돌릴 수 없었는데, 그것은 그에게는 "죄"였다. 그는 "그리스도를 위하여 받는 능욕"을 애굽의 모든 보화보다 "더 큰 재물"로 여기기로 작정하였다.. 다음과 같은 역설(逆說)을 생각해 보라: 그리스도를 위한 학대가 재물이다. 다시 한 번, 저자는 독자들을 염두에 두고 있다. 소위 모세는 하나님의 메시야를 위하여 고난을 받았는데, 그것은 독자들이 지금 받는 고난과 같은 것이다 (13:13). 모세는 영원한 보상을 "앞서 보는" 그들의 본보기이다 (13:14 참조).

그 이외에도 모세에게는 그림이 두 개가 더 있는데, 한 번 간단하게 살펴보자. "믿음으로 애굽을 떠나 임금의 노함을 무서워 아니하였다" (27절). 다시 말하거니와, 믿음은 두려워하지 않는다. 그러나 모세는 애굽인을 죽이고 생명을 구하려고 미디안으로 도망가지 않았던가 (출 2:11-15를 보라)? 그렇다. 그러나 그 때는 모세가 하나님을 섬기기로 굳게 결단한 때였다. 그런 결단을 하였기에 그는 바로를 두려워하지 않았다. 이런 의미에서 모세는 믿음으로 애굽을 떠났다.

사도행전 7장 25절은 어떻게 모세가 생각하고 있는지를 보여 준다. 그는 하나님의 백성을 구원하기로 이미 마음을 굳힌 바 있었다. 그러나 그 백성이 그의 지도력을 수용할 준비가 되지 않았을 때도, 그리고 그를 유혹하는 많은 것들에도 불구하고, 그는 강했다. "왜냐하면 (개역한글판에는 없음--역자 주) 그는 보이지 아니하는 자를 보는 것 같이 하여 참았기 때문이다." "왜냐하면"은 중요하다. 모세는 바로를 두려워하지 않았는데, "왜냐하면" 하나님을 멀리서 보면서 참았기 때문이다. 그리고 미디안 광야에서 그토록 오랫동안 그는 참았다--마침내 하나님이 그 백성을 노예의 신분에서 인도해 내라고 부르실 때까지. 믿음은 버티게 한다. 믿음은 다른 사람들이 보지 못하는 것, 곧 보이지 않는 하나님을 본다.

믿음으로 모세는 연례 유월절 예식을 정하였다. 그는 "피를 뿌렸으니...장자를 멸하는 자로 저희를 건드리지 않게 하려 함이라" (28절). 하나님의 심판이 애굽의 모든 장자 위에 임할 판이었다. 모세는 이것을 믿었고 또한 이스라엘의 장자가 피할 수 있는 방법은 오직 양의 피를 뿌리는 것임을 믿었다. 모세와 그 백성은 조심스럽게 하나님의 명령을 순종했고, 그 결과 이스라엘의 장자는 해를 당하지 않고 그 심판을 넘어갔다.

믿음의 다른 본보기들 (11:29-38)

이 위대한 전람실에 있는 다른 모든 그림은 믿음이 이룰 수 있는 것을 계속해서 보여 준다. "믿음으로 저희가 홍해를 육지 같이 건넜다" (29절). 처음, 이스라엘 백성은 애굽 사람들을 크게 두려워하면서 홍해에 이르렀다 (출 14:10-14). 그러나 그들은 하나님을 순종했고 또 안전하게 바다를 통과했다.

이스라엘의 믿음은 여리고에서도 과시(誇示)되었다. "믿음으로 칠 일 동안 여리고를 두루 다니매" 성벽이 무너졌다 (30절). 요새화된 도성을 앞에 둔 그들의 전략은 어리석어 보였을 것이나, 그들이 하나님의 지시를 따름으로 승리를 쟁취하였다 (수 6:1-21). 라합도 정탐꾼들을 "평안히 영접하였으므로" 구원을 받았다. 라합은 "상천하지에 하나님이신" 하나님을 믿었다 (수 2:11).

믿음은 무엇을 더 할 수 있는가? 그 전람실에 비해서 그림이 너무 많다. 저자는 말한다, "기드온, 바락, 삼손, 입다와 다윗과 사무엘과 및 선지자들의 일을 말하려면 내게 시간이 부족하리로다" (32절). 저자는 이미 특별한 사람들의 믿음을 구체적으로 설명한 바 있다. 이제 저자는 다른 이름을 그 목록에 첨가한다. 그리고 나서 저자는 너무나 극적인 표현으로 핍박 밑에서 믿음으로 영웅처럼 견디어 낸 인내를 묘사한다.

이 명단에서 처음 언급되는 사람은 기드온인데, 십중팔구 300명의 소수로 나팔과 항아리만 가지고 미디안 사람들을 패배시킨 너무나 놀라운 승리 때문일 것이다 (삿 7). 바락과 드보라는 시스라와 가나안 사람들과의 전투에서 이겼다 (삿 4-5). 삼손은 일천 명의 블레셋 사람을 죽였고 나중에는 다곤 신전을 무너뜨리면서 죽은 막강한 투사였다 (삿 15:9-17; 16:23-31). 입다와 길르앗 사람들은 암몬 사람들을 이겼다 (삿 11). 다윗과 사무엘과 선지자들은 그 목록 끝에 첨가되었으나, 그들의 업적은 얼마든지 묘사할 수 있었다. 그들의 이름만 대도 한 때 누렸던 이스라엘의 영광을 상기하고도 남는다.

믿음은 무엇을 할 수 있는가? 이들은 그들이 처한 시대의 영웅이었다. 믿음을 통하여 그들은:

> 나라들을 이겼다,
> 의를 행했다,
> 약속을 받았다,
> 사자들의 입을 막았다,
> 불의 세력을 멸했다,
> 칼날을 피했다,
> 연약한 가운데 강하게 되었다,
> 전쟁에서 용맹스럽게 되었다,
> 이방 사람들의 진을 물리쳤다. (33-34절)

그들의 믿음은 적을 정복했다. 그들의 믿음은 공의를 행했다. 그들의 믿음은 약속들이 이루어지는 것을 보았다. (그러나 메시야의 약속은 아니었다).

그 이외에도 믿음은 무엇을 더 할 수 있는가? 사자굴에 빠진 다니엘을 보라 (다니엘 6장을 읽어라). 그리고 다니엘의 친구들, 사드락과 메삭과 아벳느고를 보라. 그들은 바벨론의 신들 앞에 머리를 숙이지 않으며, 그 결과 "극렬히 타는 풀무"에서도 생명을 유지한다 (단 3). 그뿐 아니라, 다윗(삼상 18:11; 19:10-12)과 엘리야(왕상 19)와 예레미야(렘 26)는 모두 칼날의 죽음을 피했다. 엘리야와 엘리사의 시대에 죽은 자들도 다시 살아났다 (왕상 17:17-24; 왕하 4:18-37). 믿음의 힘보다 더 강한 것이 무엇이겠는가?

그러나 많은 사람들의 생애에서 믿음의 승리가 넘치던 저 영광의 시절에, 어떤 사람들은 패배처럼 보이는 경험을 했다. 어떤 사람들은 악형(팀파논, tympanon)에 던져졌다! 이 단어는 일종의 고문 도구로 북이나 선반 같은 것인데, 거기에 희생자를 벌려놓고 죽을 때까지 몽둥이로 때리는 형벌이었다. "또 어떤 이들은 희롱과 채찍질 뿐 아니라, 결박과 옥에 갇혔다" (36절; 10:32-33 참조).

"조상의 믿음"은 때때로 순교를 의미한다. 종종 그것은 고난을 의미한다. 저자는 독자들이 이것을 이해하기를 기대한다. 그들은 앞서 간 자들처럼 현생(現生)의 부활 대신에 "더 좋은 부활"을 선택하겠는가?

저자는 이제 그의 속도를 재촉한다. 조심스럽게 저자는 신실한 자들이 겪은 어마어마한 고난을 갈수록 센 표현으로 묘사한다.

> 그들은 돌로 침을 당했다,
> 그들은 톱으로 켜서 두 조각이 되었다,
> 그들은 칼에 죽임을 당했다;
> 그들은 양과 염소의 가죽을 입고 유리하였다,
> 그들은 궁핍했다,
> 그들은 환란을 당했다,
> 그들은 학대를 받았다. (37절)

스가랴는 요아스 왕 밑에서 돌에 맞아 죽었다 (대하 24:20-21; 마 23:35 참조). 예레미야는 전해지는 말에 의하면 애굽에서 돌에 맞아죽었다. 전해지는 말에 의하면, 이사야는 나무 톱으로 켜서 두 조각이 되었다. 그 밖의 사람들은 칼에 죽었고; 또 다른 사람들은 집을 떠나 방랑자의 생활을 하였다.

버림받고, 짓눌리고, 학대받았다! 저자는 잠시 중단하고 그 무서운 장면을 묵상한다. 잠시 후 저자는 감동적인 웅변으로 외친다-- 이런 사람은 세상이 감당치 못하도다! 그들이 아무 것도 아닌 것처럼, 그들이 난민에 불과한 것처럼, 세상은 그들을 멸시했다. "저희가 광야와 산중과 암혈과 토굴에 유리하였느니라" (38절). 그들은 믿음으로 살아가고 있었다. 진정으로, 이 세상은 그들의 집이 아니었다.

결   론 (11:39-40)

이제 우리 조상의 믿음에 대하여 결론에 이른다. 저자는 말한다, "이 사람들이 다 믿음으로 말미암아 증거를 받았으나, 약속을 받지 못하였다" (39절). 믿음으로 그들은 기다렸고, 그리고 앞을 내다보았으나, 성취는 누리지 못했다.

하나님에게는 보다 먼 계획이 있었다. 하나님이 "우리를 위하여 더 좋은 것을 예비하셨은즉, 우리가 아니면 저희로 온전함을 이루지 못하게 하려 하심이니라" (40절). "더 좋은" 것이 무엇인지 표현이 되지 않았거나, 아니면 이미 표현되었을 수도 있다. 구약성경의 주인공들이 알지 못한 그리스도는 더 좋은 것을 가져오셨다. 그리스도가 다시 오실 때, 신구약 성경의 신실한 자들은 마침내 함께 온전함에 이를 것이다. "아름다운 구세주!"

질 문

1. 10:36과 10:39는 우리가 11장을 이해하는 데 어떻게 도움을 주는가? 이처럼 위대한 믿음의 장을 기록하게 한 독자들의 역사적 환경은 무엇인가?

2. 11:1은 믿음의 정의로 충분한가? 여기에서 믿음의 정의를 설명하라.

3. "믿음이 없이는 하나님을 기쁘시게 못하나니"의 정황을 설명하라 (11:6).

4. 그리스도인 순례자들을 위한 모델로, 아브라함은 어떻게 그려지고 있는가? 그리스도인들이 믿음으로 살고 또 믿음으로 죽을 필요를 토론하라 (11:13 참조).

5. 어떤 면에서 모세는 믿음의 빛난 본보기가 되는가? 그의 인내를 토론하고 묘사하라 (11:27). 모세의 어떤 점이 독자들에게 특히 적용되겠는가?

6. 만일 믿음이 위대한 승리를 자아낸다면, 얼른 보기에 고난은 패배가 아닌가? 당신의 대답으로 성경의 본보기를 들라.

13

인내로의 부름

히브리서 12:1-29

인내로써 우리 앞에 당한 경주를 경주하자.

히브리서 12:1

히브리서 12장에서, 특히 12장 18-24절에서 우리는 히브리서의 고상한 정점(頂點)에 이른다. 이 단락에서 두 언약이 마지막으로 비교 및 대조된다. 그리스도라는 분과 그분의 제사장 직무는 이제 잠시 제쳐놓으나, 그렇다고 완전히 제쳐놓은 것은 아니다; 왜냐하면 그리스도의 구속적 피는 여전히 죄의 용서에서 웅변적으로 발언하기 때문이다 (12:24). 그러나 이 은혜의 메시지, 곧 하늘에서 주어지는 하나님의 마지막 말씀은 절대로 거부되어서는 안 된다 (12:25-29). 이것은 배교에 대한 히브리서의 엄격한 마지막 경고이다.

믿음의 여러 가지 영광스러운 행위를 열거한 후 저자는 다시 독자들의 상황으로 돌아온다. "너희에게 인내(휘포모네, hypomone)가 필요하다"고 저자는 말한 바 있다 (10:36). 저자는 이제 12장 1절에서 다시 한 번 그들에게 모든 "인내"(휘포모네)로 그리스도인의 경주를 하라고 말한다.

인내를 두 번씩 호소했는데, 그 사이에 무엇이 삽입되었는지 주목하라--저 위대한 믿음의 장이다. 믿음의 부름은 인내의 부름이다. 11장은 훌륭한 작품만은 아니다. 그것은 결정적인 전투를 위한 나팔 소리요, 북치는 소리요, 군대의 소집이다. 다시 한 번 우리는 수사학적으로 최고조에 달한 저자를 본다.

예수를 바라보라 (12:1-3)

히브리서 12장의 첫 단어는 "이러므로"이다. 정신이 번쩍 들게 하는 권면은 계속된다. "이러므로 우리에게 구름 같이 둘러싼 허다한 증인들이 있으니...인내로써 우리 앞에 당한 경주(헬라어로 *아곤, agon*)를 경주하자" (1절). *아곤*은 운동 경기가 열리는 곳, 곧 집중적인 싸움과 *고뇌(애고니, agony)*가 있는 곳이다. 헬라 경기에서 경주는 모든 운동 경기보다 먼저 거행되는 가장 중요한 행사이다. 경주는 의도적으로 만들어진 인내의 경기였다. 경주는 상큼한 출발을 요구하지 않고 단단한 마음을 먹고 끈질기게 달리는 것을 요구한다. 그것은 마라톤이며, 일생 동안 달리는 경주이다.

그런데 우리는 경주를 하기 위하여 가벼운 몸차림을 해야 한다. 저자는 경기장에 있는 자신을 포함해서 말한다, "모든 무거운 것을 벗어버리자." 경주는 영원한 결과를 가져오기에 몸을 지나치게 무겁게 하든지 아니면 옷을 많이 입으면 안 된다. 그 이외에 또 무엇이 우리의 경주를 방해하는가? 죄! 죄는 "얽매이게 한다." 죄는 우리를 속이고, 넘어지게 하고, 절대로 우리를 가볍게 만들지 않는다. 그러나 우리가 하나님의 은혜로 이 경주를 하려면 모든 장애물을 내려놓아야 한다.

물론, 우리는 아무 도움도 없이 그런 경주를 하지는 않는다. 우리 주변에는 온통 "구름 같은 허다한 증인들"--하나님에 의하여 칭찬받은 믿음을 가진 구약성경의 영웅들--이 있다 (11:39). 저들은 모든 경주를 마친 후, 비유적으로 말해서, 이제 믿음의 경주를 하는 우리를 응원하는 구경꾼들이다.

그뿐 아니라 또 다른 격려의 근원이 있다. 우리가 이전처럼 유추(類推)를 사용한다면, 이제 우리는 또 다른 초상화 전람실로 들어간다; 그리고 모든 초상화 가운데 하나가 있는데, 그것은 십자가에 못 박힌 예수님이시다. 우리는 이미 믿음을 가진 찬란한 많은 사람들을 살펴보았다 (히 11). 그러나 고난 가운데서도 보여 준 예수님의 믿음은 어떤 사람들보다 위대하다.

그러므로 우리는 "예수를 바라보면서" 우리 앞에 당한 경주를 달려야 한다. 우리는 오른쪽이나 왼쪽이나 뒤를 돌아보지 말고 (눅 9:62 참조), 오직 목표를 향해서 앞만 바라보아야 한다. 저자는 이것을 매우 힘 있게 말한다. 저자는 "바라보라"(헬라어로 *아포라오*, aphorao)는 단어를 사용하는데, 그것은 다른 어떤 것에도 한눈을 팔지 말고 예수님에게 눈을 고정시키라는 의미이다.

예수님은 우리의 "믿음의 주요 또 온전케 하시는 이"다. 그분은 "믿음의 주"이신데 (2:10 참조), 그 이유는 그분이 우리 앞의 길을 여셨기 때문이다. 그분이 "온전케 하시는 이"신데, 그 이유는 그분이 믿음의 표현을 완전하게 보이셨기 때문이다. 예수님은 완전하게 믿음의 모델이 되셨다. 그리고 여기에 우리가 기억해야 할 것이 있다. 우리가 우리의 눈을 십자가에서 돌아가신 예수님에게 고정시키면, *우리는 인내로 경주하는 비결을 발견한다.*

우리의 믿음과 고난의 지고(至高)한 본보기이신 그리스도는 우리가 바라보아야 할 대상이다. 어떻게 그분은 경주를 마치셨는가? 그분은 후에 받을 "기쁨"에 집중하면서 "십자가를 참으시고" 또 부끄러움을 개의치 않으셨다.

십자가의 공포는 십자가의 수치와 함께 왔다. 십자가는 노예와 죄수들에게 해당되는 죽음이었다. 희생자는 옷을 벗긴 후 십자가에 고정시켜졌다. 십자가에 힘 없이 매달린 예수님은 모든 수치와 공격에 아무런 저항도 못하셨다. 그러나 예수님은 그 모든 것을 참으셨다. 역설적이긴 하나, 예수님은 몸소 당하신 수치를 개의치 않으셨다. 그리고 예수님은 "하나님의 보좌 우편"에 앉으셨을 때 그 기쁨을 얻으셨다.

이 단락은 처음부터 끝까지 인내에 대한 예수님의 본보기가 강조된다. "너희가 피곤하여 낙심치 않기 위하여 죄인들의 이같이 자기에게 거역한 일을 참으신 자를 생각하라" (3절). 만일 독자들이 원수로부터 모진 반대를 당하고 있다면, 그리스도께서 모질게 당하신

잔인한 경멸을 생각만 하라. 예수님이 당하신 것에 비해 그들이 당하는 가벼운 고통을 비교하면서 그들은 경주를 포기하지 않을 것이다.

징계의 교훈 (12:4-11)

만일 독자들이 정확히 계산한다면, 그들은 그들의 고난이 예수님의 것과 비교할 수 없다는 것을 알 것이다. 그들은 그리스도를 위하여 이미 고난을 받았으며, 이제 그분을 위하여 더욱 고난을 받을지를 결정해야 한다 (13:13). 그러나 그들은 아직까지는 피 흘릴 정도까지 저항하지는 않았다. 예수님과는 달리, 그들은 순교자로 죽지 않았다.

저자는 독자들의 "죄와 싸움"을 언급한다. 왜냐하면 모든 그리스도인들에게 죄는 실제의 싸움이기 때문이다. 그러나 여기에서 강조되는 것은 죄의 내적 갈등이라기보다는 죄의 외적 방해이다. 그리스도를 방해하는 모든 전투는 "죄와 싸움"으로 묘사된다.

그러나 고난이 올 때 하나님이 우리를 버리셨다고 생각하기 쉽다. 실제로, 그 반대가 오히려 사실이다. 하나님은 자녀들이 어려움에 빠져 있을 때 그들과 함께 하는 은혜스러운 아버지이시다. 실제로, 하나님은 그런 어려움을 사용하여 그들의 유익을 위하여 징계하시기도 한다.

"징계"가 이 단락에서 핵심 단어인데, 저자는 그 단어와 연관해서 다음의 세 가지를 강조한다.

1. 하나님의 말씀. 저자는 묻는다, "또 아들들에게 권하는 것 같이 너희에게 권면하신 말씀을 잊었도다. 일렀으되, '내 아들아, 주의 징계하심을 경히 여기지 말며, 그에게 꾸지람을 받을 때에 낙심하지 말라'" (5절). 이 말씀은 잠언 3장 11-12절의 인용이다. 성경의 말씀이 "권면"이라고 불린 것을 주목하라.

하나님의 자녀는 징계에 대하여 흔히 두 가지 가운데 한 가지 태도를 나타낸다. 한편 그는 징계를 가볍게 여기며 무시할 수 있다. 그는 하나님이 자녀들을 징계하신다는 것을 이해하지 못한다. 문제가 생기면 그는 그 문제를 깊이 보면서 하나님이 그것을 통하여 역사하시는 것을 보지 못한다. 또 한편 그는 어려움에 너무나 실망한 나머지 경주를 포기하며 주님으로부터 완전히 떨어져 나간다.

2. 하나님의 사랑. 잠언의 인용은 계속된다: "주께서 그 사랑하시는 자를 징계하시고 그의 받으시는 아들마다 채찍질하심이니라" (6절). 우리는 하나님이 무엇보다도 사랑의 하나님이시라는 것을 기억해야 한다. 만일 하나님의 자녀인 우리가 핍박이나 어떤 어려움을 당할 때, 그것은 하나님이 우리를 지극히 사랑하신다는 것을 의미할 수도 있다.

3. 하나님의 목적. 인용을 마치면서 저자는 징계에 대한 하나님의 목적을 설명하기 시작한다. 현재 독자들이 당하고 있는 고난은 거룩한 징계로 간주해야 한다. 아들이 된다는 것은 징계를 포함한다; 그렇지 않다면 그들은 "사생자요, 참 아들이 아니다." 원리는 영원히 변치 않는다: "너는 사람이 그 아들을 징계함 같이 네 하나

님 여호와께서 너를 징계하시느니라" (신 8:5).

요지는 더 설명된다. "또 육체의 아버지가 우리를 징계하여도 공경하였거든 하물며 모든 영의 아버지께 더욱 복종하여 살려 하지 않겠느냐?" (9절) 세상의 아버지도 우리를 징계하는데, 그것도 어떤 때는 전혀 완전하게 하지 못하지만, 그래도 우리는 아버지를 존경한다. 그렇다면 우리가 영원히 살도록 징계하시는 "영의 아버지"(우리의 영적 아버지)에게 더 존경하고 더 순종해야 하지 않겠는가?

그렇다, 인간의 아버지는 "잠시 자기의 뜻대로 우리를 징계하였거니와 오직 하나님은 우리의 유익을 위하여 그의 거룩하심에 참예케 하시느니라" (10절). 세상의 징계는 일시적이며 종종 원칙이 없다. 그러나 하나님의 징계는 언제나 원칙적이다. 우리를 향한 하나님의 궁극적 목표는 우리가 하나님과 거룩을 영원히 나누게 되는 것이다 (행 14:22 참조).

그러므로 우리는 우리를 위한 하나님의 궁극적인 목적을 기억해야 한다. "무릇 징계가 당시에는 즐거워 보이지 않고 슬퍼 보이나 후에 그로 말미암아 연달한 자에게는 의의 평강한 열매를 맺나니" (11절). 물론, 어느 누구도 그 순간 징계를 즐기지 않는다. 우리가 고난을 받으면, 우리는 급히 하나님에게로 가서 고통을 제거해 달라고 기도한다. 그러나 우리는 우리의 아버지가 징계를 통하여 우리를 훈련시키시고 있다는 것을 알고 또 신뢰해야 한다. 때가 되면, 그 징계는 열매를 맺을 것이다. 그 결과는 고통과 반대되는 의로운 삶에서 오는 평강이다.

다른 사람들을 격려하라 (12:12-17)

우리는 저자가 추구하고자 하는 주제를 미리 언급하는 습관을 지금까지 주목하였다. 다섯 번째 주제의 선포가 12장 11절에 나오는데, 곧 **의의 평강한 열매**이다. 이것은 마지막 주제인데, 이처럼 몇 마디로 히브리서의 남은 부분을 요약한다.

"그러므로 피곤한 손과 연약한 무릎을 일으켜 세우고, 너희 발을 위하여 곧은 길을 만들어 [사 35:3과 잠 4:26 참조], 저는 다리로 하여금 어그러지지 않고 고침을 받게 하라" (12-13절). 권면은 약간 방향을 바꾸어 회중 가운데서 보다 더 성숙한 사람들에게 주어진다. 그들은 강해야 하며, 앞으로 곧장 가야 하며, 어려운 환경에도 낙망해서는 안 된다. 그렇게 함으로 그들은 하늘을 향해 가는 여정(旅程)에서 지쳐서 "저는 다리"를 도와야 한다. 강한 자들은 언제나 연약한 자들의 필요를 인식하고 또 도와야 한다 (롬 15:1 참조).

"저는 다리"는 독자들 가운데 떨어져 나갈 위험에 처해 있는 사람들을 가리키는 것 같다 (3:12; 6:4-8; 10:25-31 참조). 그것은 다음 구절들을 읽으면 더욱 확실해진다. "모든 사람으로 더불어 화평함과 거룩함을 좇으라. 이것이 없이는 아무도 주를 보지 못하리라" (14절). "화평함"은 11절에서 선포된 주제의 반복이다. "거룩함," 곧 거룩한 삶의 영위는 하나님과 함께 하기를 원하는 그리스도인의 특성이어야 한다 (10절; 마 5:8 참조).

　그들 가운데 배교자로서 떨어져 나갈 사람들이 있을까봐 저자는 이제 회중에게 세 가지 경고를 한다.

　1. "너희는 돌아보아 하나님 은혜에 이르지 못하는 자가 있는 가 두려워하라"(15절). "두려워하라"는 에피스코포스(episkopos, "감독" 또는 "관리자")라는 단어와 연관된 용어의 번역이며, 다른 곳에서는 그 단어가 교회 지도자들에게 적용되나, 여기에서는 회중을 이루는 모든 성도를 가리킨다. 각 성도는 다른 사람들에 대하여 관심을 가지고 보아야 하는 책임을 가진다. 오늘은 구원의 날이며, 따라서 우리는 누구라도 마지막에 하나님의 은혜에서 제외될 가능성을 두려워해야 한다.

　2. "또 '쓴 뿌리'가 나서 괴롭게 할 것을 두려워하라." 저자는 그들 가운데서 쓰거나 아니면 독이 있는 뿌리가 나서 (신 29:18 참조) 온 회중을 감염시킬 것을 두려워한다. 그렇게 되면 그들은 "더러움을 입게 되어" 하나님을 보기 위하여 꼭 필요한 "거룩"을 잃게 될 것이다.

　3. "음행하는 자와...에서와 같이 망령된 자가 있을까 두려워하라"(16절). 13장 4절에 의하면, 음행이 회중 가운데 문제가 된 사람들이 있는 것 같다. 에서는 전형적으로 망령된 자 내지 영적이 아닌 사람이다. 그에게는 장자의 권리가 있었으나, 그것을 너무나 쉽게 "한 그릇 음식을 위하여" 팔았다 (창 25:29-34를 보라). 에서는 무엇을 생각하고 있었는가? 미래의 축복? 하나님이 아브라함과 이삭에게 하신 약속들? 아니다! 한 순간의 배고픈 고통뿐이다!

일단 에서가 장자의 권리를 팔아버리자 그는 그 행위를 되돌이킬 수 없었다. "그 후에 축복을 기업으로 받으려고...구하되 버린 바가 되었다"(17절). 이삭과 야곱, 그리고 야곱이 이삭의 축복을 받은 슬픈 이야기가 창세기 27장에 기록되어 있다. 일단 축복이 선포되면 바꿀 수 없었다. 이런 의미에서 에서는 "눈물을 흘리며 구하되...회개할 기회를 얻지 못하였다." 물론 이것은 그가 그의 죄를 회개할 수 없었다는 뜻은 아니다. 그 뜻은 에서가 어리석게도 그의 기업에 대하여 상황을 바꿀 수 없는 위치에 있었다는 것이다.

그 경고는 배교의 위험에 처한 사람들에게는 날카로우나, 그런 경고가 없다면 그들은 하나님의 은혜로운 약속들을 잃고 (11:39와 12:22-29 참조) 또 멸망으로 떨어질 수 있다.

시내산과 시온산 (12:18-24)

우리는 이제 히브리서의 수사학적 절정을 시작한다. 이 단락은 이처럼 영광스럽고 개선적인 "작은 걸작품"의 장엄한 대미(大尾)이다. 놀라운 대조의 그림을 통하여 저자는 독자들 앞에 옛 언약과 새 언약 사이, 시내산과 시온산 사이의 거대한 차이를 펼쳐서 보여준다. 저자는 독자들에게 그들이 누리는 현재의 여러 가지 특권과 이스라엘이 가졌던 특권을 비교하기를 촉구한다. 그들은 그리스도 이외에는 다른 어떤 대안도 없다는 것을 이해해야 한다; 다시 말하면, 그리스도 안에 있다는 것은 하나님이 인류에게 부여(賦與)하시는 가장 위대한 축복들을 경험하는 것이다. 시온산에 이른 자들이 어떻게 시내산으로 돌아갈 수 있겠는가?

상반된 두 그림이 상반된 표현으로 소개된다: "너희가 이른 곳은...아니라"(18절), "그러나 너희가 이른 곳은"(22절). 이 배경은 독자들이 처음으로 그리스도인이 되었을 때이다. 그들이 회심할 때, 그들은 시내산, 곧 "불 붙는 산과 흑운과 흑암과 폭풍과 나팔 소리"가 나는 곳이 아니었다 (18-19절).

접근하지 못할 곳이 출애굽기 19장 18-19절에 묘사되어 있다. "시내산에 연기가 자욱하니, 여호와께서 불 가운데서 거기 강림하심이라...온 산이 크게 진동하며 나팔 소리가 점점 커질 때에 모세가 말한즉 하나님이 음성으로 대답하시더라."(장면 전체를 보기 위하여 출 애굽기 19-20장과 신명기 4-5장을 읽어라.)

하나님의 음성은 백성을 두렵게 하였고, 따라서 "더 말씀하지 아니 하시기를 구하였다." 백성은 하나님만을 무서워한 것이 아니라, 빗나간 동물이라도 산에 이르면 돌에 맞아 죽임을 당하리라는 엄한 명령도 무서워했다. "그 보이는 바가 이렇듯이 무섭기로 모세도 이르되, '내가 심히 두렵고 떨린다' 하였다"(21절).

저자가 시내산을 그토록 무섭게 그린 것은 예수님의 언약 밑에서 하나님이 얼마나 멀리 계시며 또 접근하기 어려운가를 강조한다. 그러나 이제 그리스도와 그분에 대한 믿음을 통하여 얼마나 놀랍게 모든 것이 달라졌는가! 저자는 말한다, "그러나 너희가 이른 곳은 시온산과 살아 계신 하나님의 도성인 하늘의 예루살렘이라"(22절).

여기서 가리키는 성은 세상에 있는 시온이 아니라, 하나님이 지으신 하늘의 도성이다. 그리스도인들은 이 도성 바로 앞에 서 있다. 그들은 비록 문자적으로는 아직 들어가지는 않았지만, 그래도 하늘에 속해 있다. 아직도 그들은 인내해야 하며, "오직 장차 올 것을 찾는다"(13:14). 그들에게 모든 것이 성취될 때가 있으나 아직은 절정에 이르지 않았다.

도성에는 사는 사람들도 있어야 하기에 저자는 하늘의 도성에 사는 사람들을 열거하는데, 그들 가운데는 "천만 천사와 하늘에 거룩한 장자들의 총회"도 있다 (22-23절). 공포의 장소인 시내산에도 천사들이 있었으나, 하늘의 도성에는 수많은 천사들이 어떤 종교적인 잔치에서처럼 기쁨의 예배로 하나님에게 모여든다.

그렇다면 "장자들의 총회"도 역시 천사들을 가리키는가? 아니다! "총회"는 흔히 "교회"(*에클레시아*, ekklesia)를 가리키는 용어이다. 그러면 왜 그들이 "하늘에 있는" 자들로 언급되는가? "장자"는 틀림없이 믿는 자들을 가리키며 저자는 하늘의 도성이 궁극적으로는 믿는 자들이 될 것이라고 묘사하고 있다. 지금 당장은 우리가 거기에 있지 않다. 어느 날 우리는 그 도성에서 시민으로서의 모든 특권을 누릴 것이다. 그 사이에 우리는 상속자이며 (1:14; 롬 8:17 참조), 우리의 이름은 하늘에 있는 호적부에 기록되어 있다 (눅 10:20; 빌 4:3; 계 21:27을 보라).

하늘의 도성에는 두말 할 필요도 없이 하나님이 계시다. 그분은 "만민의 하나님이신 심판자" 내지 "만민의 심판자이신 하나님"으로 묘사된다. (어떻게 번역되든지 허용되며, 전자는 헬라어로 된 문자적 단어 배열을 따라 번역한 것이다.) 하나님은 만물, 인간 및 천사들의 심판자이자 주님이시다. 그리고 하늘의 도성은 그 외에도 "온전케 된 의인의 영들"을 포함한다. 죽은 자들은 의롭게 삶을 영위한 영적 존재들이다. 이제 그들은 "온전케 되었다." 죽음에서 그들은 마침내 그들의 목표에 이르렀다.

결국 여기에 우리는 하나님의 도성 앞에 있는 것이다. 그밖에 또 누가 거기에 있는가? 예수님! 우리는 "새 언약의 중보이신 예수"와 그리고 "아벨의 피보다 더 낫게 말하는 뿌린 피"에 이르렀다 (24절). 아벨의 피는 복수와 신원(伸寃)을 위하여 부르짖었으나, 예수님의 피는 은혜와 용서를 부르짖는다. 특별한 강조를 위하여 예수님은 그 도성에 거하는 모든 사람들 가운데 맨 마지막에 나온다. 실제로, 여기에서 예수님에 대한 언급은 히브리서의 메시지를 잘 요약한다--예수님은 새 언약의 중보이시며, 그분의 피는 은혜롭게 용서하신다.

"감사하자" (12:25-29)

시내산이냐 시온산이냐? 어떤 것이어야 하는가? 이처럼 장엄한 대조를 보여 주는 부분은 계속되며 그리고 절정에 이른다. 다시 한 번, 독자들은 떨어져 나갈 가능성에 대하여 경고를 받는다. "너희는 삼가 말하신 자를 거역하지 말라." 연결을 주목하라. 그리스도의 피는 [용서]를 말하며 (24절), 하나님의 음성은 [복음으로] 말한다 (25절). 하나님이 시내산에서 경고하셨을 때--그리고

그 후에도 아주 많은 경우 그들은 하나님의 음성 듣기를 거부했다
--만일 이스라엘 백성이 피하지 못했다면, 우리가 이제 하늘에서
경고하시는 분을 무시한다면 어떻게 우리가 피할 수 있겠는가?
"그처럼 큰 구원"을 거절하는 자들에게 어떤 피할 길이 있을 수 있
겠는가?

그 때, 광야에서 하나님의 음성은 "땅을 진동시켰다." 이제 하나
님은 약속하신다, "내가 또 한 번 땅만 아니라 하늘도 진동하리라"
(학 2:6 참조). 하나님은 사물을 진동시키신다. 가까운 날 "또 한
번" 하나님은 모든 것을 흔들 것이다. 눈에 보이는 창조된 온 우주
가 사라질 것이다. 그와 같은 격변(激變)이 보이고 또 확실한데,
왜 지속되지 못하는 것에 매달리는가? 그것이 바로 처음 독자들
의 곤경이다. 만일 그들이 세상의 성소와 희생의 조직을 동반한
옛 언약을 선택한다면, 그들은 궁극적으로 아무 것도 잡지 못할
것이다.

옛 우주는 사라질 것이나, 결코 흔들리지 않을 또 다른 하늘의
우주가 있다. "그러므로," 저자는 간청한다, "우리가 진동치 못할
나라를 받았는즉 감사하자" (28절). 만일 성경에 "너희 축복을 헤
아려 보라"고 말하는 구절이 있다면 그것은 바로 이 구절이다. 그
리스도 안에 있는 우리의 많은 축복을 인하여 감사하자. 그리고
하늘나라에서 누릴 특권들을 인하여 감사하자. 그 나라만이 진동
치 않으며 그리스도가 재림하신 후에도 능력과 영광으로 지속될
것이다.

우리에게는 감사할 것이 너무 많으며, 그런 이유 때문에 저자는 촉구한다, "이로 말미암아 경건함과 두려움으로 하나님을 기쁘시게 섬길지니라." 예배와 감사는 같이 간다. 감사하는 마음은 찬미의 예배를 드리면서 흘러나온다.

그러나 저자는 엄중한 주의를 요하면서 그의 생각을 마친다. 받아들일 수 있는 예배란 "경건함과 두려움"--잘 안다고 건방진 것과는 반대--으로 드리는 것인데, 그 까닭은 "우리 하나님은 소멸하는 불이시기" 때문이다 (29절). 10장 27절에서 저자는 "맹렬한 불"을 언급했고, 6장 8절에서는 "가시와 엉겅퀴를 내고...그 마지막은 불사름이 되리라"를 언급했다. 이 두 구절이 다 "배교"가 주제인 것은 의미심장하다. 그러므로 여기에서 하나님을 "소멸하는 불"로 묘사한 것(신 4:8 참조)은 배교자로 떨어져 나갈 수 있는 자들에 대한 또 하나의 경고이다.

등을 돌릴 유혹을 받는 자들은 경고를 받아 마땅하나, 이 단락에서 소망이라는 힘찬 메시지도 있다. 하나님은 진정으로 소멸하는 불이시나, 동시에 은혜의 하나님이시요, 큰 약속의 하나님이시다. 왜냐하면 예수 그리스도가 이 모든 것의 중심이시며, 또한 용서를 제공하는 것도 그분의 피이기 때문이다. 이것이 바로 복음의 메시지이다. 그리고 히브리서에서 경고가 나타날 때마다, 그 경고는 우리를 사랑하시고, 두려움을 통해서--그래서 우리가 그분의 자비로운 음성을 무시하지 않는다--우리게 말씀하시는 아버지로부터 온다.

질 문

1. 인내로 경주하라는 권면(12:1)은 11장과 어떻게 연관이 되는가? 경주를 방해하는 것들 가운데 무엇이 있는가? 경주를 성공적으로 할 수 있는 비결은 무엇인가?

2. 12:5에서 잊지 말아야 할 권면은 무엇인가? 징계에서 독자들과 우리를 위한 하나님의 사랑과 목적을 토론하라.

3. 12:12-17에서 전체적으로 회중에게 주어진 구체적인 가르침은 무엇인가? 에서의 슬픈 사연을 다시 서술하라.

4. 시내산과 시온산 사이에 있는 대조의 절정적인 장면을 묘사하라. 이 모든 것은 무엇을 뜻하는가?

5. 누가 하늘 도성의 시민으로서 대표하는가? 어떻게 그리스도인들은 이 도성으로 오는가? 또는 오지 못하는가? *당신의* 이름은 거기에 기록되어 있는가?

6. 무엇보다도 그리스도인이 감사해야 할 것이 무엇인가 (12:28)? 감사하면서 우리는 무엇을 하나님에게 드려야 하는가? 히브리서를 복습하라. 그리고 예배에 관한 단락을 배열해보라. 그런 단락은 우리에게 무엇을 가르치는가?

14

순례자로의 부름

히브리서 13:1-25

우리가 여기는 영구한 도성이 없고, 오직 장차 올 것을 찾나니.

히브리서 13:14

저자는 12장의 마지막 구절을 통하여 히브리서의 감동적인 클라이막스로 끝어간다. 독자들은 어둡고 침침한 시내산과 기쁘고 희망찬 시온산 중 어떤 것을 선택할 것인가? 백성들로 하여금 떨어지게 하는 언약을 선택할 것인가? 아니면 그리스도의 희생을 근거로 가까이 나아가서 하나님이 받으시는 예배를 드리도록 격려하는 언약을 선택할 것인가?

히브리서 13장은 어조(語調)가 달라진다. 예수 그리스도의 높디높은 영광으로 시작한 이 편지는 너무나 실제적인 교훈으로 끝을 맺는다. 그러나 그것이 이 편지의 특성이기도 하다--언제나 그리스도는 높이면서도 시의적절(時宜適切)한 권면으로 가득하다. 그리고 우리가 히브리서의 마지막 장에 이르면서 기억해야 할 것은 우리가 연구한 진리를 하나님의 도움으로 우리의 일상 생활에 적용하면 유익이 크다는 사실이다.

실제적인 권면 (13:1-6)

이 장은 일련의 권면들로 시작한다. 사랑은 언제나 근간이기에 목록에서 사랑이 제일 먼저 나온다. "형제 사랑하기를 계속하라." "형제 사랑"은 헬라어로는 *필라델피아*(philadelphia)로, 신약성경에서 그리스도 안에 있는 형제와 자매에 대한 사랑을 묘사한 특별한 단어이다. 2장 11-12절에서 예수님은 의식적으로 자신을 형제들과 같은 신분임을 선언하시는데, 그것이 바로 그리스도인들이 형제가 되는 근거이다. 독자들이 과거에 서로를 향하여 사랑을 보여 준 것처럼 (6:10; 10:33-34), 지금도 그런 사랑을 유지하라는 충고이다.

사랑을 구체적으로 표현하는 방법 가운데 하나는 접대이다. "손님 대접하기를 잊지 말라"(2절). 접대는 고대 세계에서는 영예로운 미덕으로 간주되었다. 예수님이 손님을 받아들여야 한다고 가르치셨기 때문에 (마 25:35), 접대는 그 제자들에게 뛰어난 특성이 되었는데, 특히 여행하는 그리스도인들과 전도자들에게는 접대를 베풀어야 했다 (롬 12:13; 벧전 4:9; 요삼 5-8).

접대는 보상이 따르는데, 한 예로, 알지도 못하는 사이에 "천사들을 대접한 이들이 있었다." 이 내용의 배경은 십중팔구 아브라함이 세 명의 신비로운 손님을 접대한 놀라운 경우인데, 후에 그들은 천사들로 판명되었다 (창 18:1-19:1을 보라). 손님들이 실제로 천사들이라니, 얼마나 아름다운 이야기인가!

예수님이 높이 평가하신 또 다른 사랑의 표현(마 25:36)은 투옥된 자들을 돌보는 일이다. "자기도 함께 갇힌 것 같이 갇힌 자를 생각하라" (3절). 디모데는 최근에 감옥에서 풀려났으며 (13:23), 따라서 독자들은 아직도 감옥에 있는 다른 사람들의 필요에 신경을 써야 했다. 손님들은 그들의 집에 와서 가시적(可視的)으로 도움을 받을 수 있으나, 옥에 갇힌 자들은 보이지 않기 때문에 망각되기 쉬웠다.

"자기도 함께 갇힌 것 같이"는 그리스도인들이 다른 사람들에 대해 갖는 태도로, 황금률을 연상시킨다 (마 7:12). 학대받는 자들에게도 같은 정신을 보여 주어야 한다면서 저자는 이렇게 말한다, "자기도 고난을 당하는 것처럼" (NIV).

순수한 형제 사랑은 결혼의 배신 행위를 배제시킨다. "모든 사람은 혼인을 귀히 여기고 침소를 더럽히지 않게 하라" (4절). 예수님은 자기를 부인하는 것을 가르치셨으나, 그렇다고 금욕주의자는 아니셨다. 인간의 성을 거부하거나 결혼을 금하는 것(딤전 4:3 참조)을 참된 영성과 혼동해서는 안 된다. 정반대로 결혼은 존중되어야 한다. 그러나 성적 난잡(亂雜)은 하나님으로부터 오는 심판을 자취할 것이다.

이기주의는 부도덕이나 욕심으로 표출(表出)될 수 있다. "돈을 사랑치 말고 있는 바를 족한 줄로 알라" (5절). 믿음으로 산다는 것은 세상 것들에 대하여 올바른 태도를 가져야 한다는 것을 의미한다. 돈은 그 자체가 목적일 수 없으며, 돈에 대한 애착은 많은 유혹에 빠지게 한다. 여기에서 주어지는 권면은 재산과 만족에 대한 바울의 적절한 가르침과 매우 비슷하다 (딤전 6:6-10을 보라; 빌 4:11 참조).

그렇다면 만족은 야망도 없고 경제적으로 어려운 상황을 말하는가? 만족은 하나님을 확고히 신뢰하기 때문에 가능한 사고 방식을 가리킨다. 그러면 하나님은 무엇이라고 말씀하셨는가? "내가 과연 너희를 버리지 아니하고 과연 너희를 떠나지 아니하리라" (5절). 이 약속은 모세가 이 세상을 떠나면서 여호수아와 이스라엘에게 최초로 주어진 것으로, 모세가 승리의 싸움을 시작한 것처럼 여호수아에게도 그렇게 해 주시겠다는 약속이었다 (신 31:6, 8; 수 1:5).

하나님이 어김없이 함께 하시기 때문에 믿는 자는 용감하게 말할 수 있다, "주는 나를 돕는 자시니, 내가 무서워 아니하겠노라; 사람이 내게 어찌하리요?" 시편 118편 6절에서 인용된 이 말씀은 핍박 속에 살던 독자들에게는 큰 힘으로 다가온다. 그들이 하나님을 그들의 힘으로 유지한다면, 그들은 넉넉히 그런 핍박을 감당할 것이다.

거짓 가르침에 대한 경고 (13:7-16)

새로운 단락이 시작되면서, 독자들은 처음부터 배운 대로 말씀 안에 거해야 한다는 것이 강조된다. "하나님의 말씀을 너희에게 이르고 너희를 인도하던 자들을 생각하며, 저희 행실의 종말을 주의하여 보고, 저희 믿음을 본받으라" (7절). 저자는 그들의 과거 지도자들--십중팔구 그 회중을 일구어낸 자들--을 생각하고 있음에 틀림

없다. 그들은 하나님의 메시지를 전했고, 그들의 생활 방식도 끝까지 신실했다. 그들의 삶은 믿음의 본보기로서 닮을 가치가 있었다.

그 다음 히브리서에서 가장 잘 알려진 구절이 나온다. 그 말씀은 문자적으로 번역하면 이렇다: "예수 그리스도는 어제나 오늘이나 영원토록 동일하시니라"(8절). 그리스도는 불변의 분이시다. 그러나 오늘도 같은 분이라는 강조를 주목하라. 그리스도는 오늘도 동일하시며, 따라서 오늘도 그분의 복음은 독자들에게 처음 전했을 때와 동일하다.

그러므로 그 복음은 언제나 꼭 붙잡아야 하며 또 다른 가르침으로 대체해서도 안 된다. "여러 가지 다른 교훈에 끌리지 말라"(9절). 다양한 가르침이 이미 전해진 믿을 만한 가르침과 대조되고 있다. 그런 가르침들은 "다르다." 다시 말해서, 그것들은 기독교의 중심이 되는 가르침과는 관계가 없다.

이런 가르침들에 대한 열쇠는 그 구절의 남은 부분에 있다: "마음은 은혜로써 굳게 함이 아름답고 식물로써 할 것이 아니니, 식물로 말미암아 행한 자는 유익을 얻지 못하였느니라." "식물"과 "은혜" 사이에 있는 큰 차이점을 보라.

한편, 식물이 먹든지 먹지 않든지 사람을 하나님에게로 가까이 이끈다고 생각하는 사람이 있다 (고전 8:8과 롬 14:17을 보라). 식물은 그렇게 하지 못한다고 저자는 강조한다. 저자는 이미 이렇게 말한 바 있었다, "먹고 마시는 것과 여러 가지 씻는 것"(9:10)은 양심의 문제를 해결할 수 없다. 여기에서도 비슷한 사고(思考)이다. 또 한편은 하나님의 은혜이다. 은혜는 마음을 강하게 한다. 은혜는 양심에 절대적인 영향을 주어서 사람으로 하여금 하나님 앞으로 나아오게 한다.

그리고 하나님의 은혜가 다음 구절을 직접 연결시키는 것을 주목하라. "우리에게 제단이 있는데, 그 위에 있는 제물은 장막에서 섬기는 자들이 이 제단에서 먹을 권이 없느니라"(10절). "우리에게...있는데"가 이 문장에서 제일 먼저 그리고 강조되어 나온다. 우리 그리스도인들에게 있는 것은 "장막에서 섬기는 자들"에게 있는 것과 날카로운 대조를 이룬다. 장막은 이스라엘이 광야를 방황할 때 가졌던 성막이다. 거기에서 섬기는 자들은 다음 구절이 암시하는 것처럼 레위 제사장들이다.

그러나 그리스도인들에게 제단이 있다고 한 말은 무슨 의미인가? 물론, 저자는 우리에게 세상에서 물리적인 제단이 있다는 의미로 말하지 않는다. 다시 한 번, 저자는 유추와 대조의 언어를 사용하고 있다. 예를 들면, 8장 2절에서 그리스도가 하늘에서 "참 장막"에서 섬기는 것처럼 제사장의 임무를 하신다고 묘사되었는데, "참 장막"은 문자적인 의미는 물론 아니다. 그러므로 저자는 여기에서도 비유적으로 말하고 있는 것이다. "하늘을 보라," 저자는 말한다, "우리의 제단은 거기에 있다. 그리고 제단 위에 놓여진 것을 보라. 그리스도가 아닌가! 그리스도는 우리의 죄를 위하여 영단번에 희생되셨다!"

저자는 계속해서 설명한다. "이는 죄를 위한 짐승의 피는 대제사장이 가지고 성소에 들어가고 그 육체는 영문 밖에서 불사름이니라"
(11절). 이 말씀의 배경은 대제사장이 인도하는 속죄일이다. 그 날
바쳐진 동물의 고기는 먹으면 안 되었다. 제단을 섬기는 제사장들은
보통 제물의 고기를 먹었으나, 그 날만은 안 되었다. 그 대신, 동물
의 고기는 영문 밖으로 가지고 가서 태워야 했다 (레 16:27).

결국 그리스도인들에게도 제단이 있는데, 그것은 그리스도라는
제물이다. 이것과 비교할 수 있는 세상의 제단이 있겠는가? 우리
그리스도인들은 하나님의 은혜로 그 제단에 참여할 수 있으나, 다
른 사람들은 배제된다. 레위 제사장들이 속죄일에 죽인 동물을 먹
을 수 없었던 것처럼, 유대교에 집착하는 사람은 누구를 막론하고
그리스도의 희생이라는 축복에 참여할 수 없다.

동물이 영문 밖에서 태워지는 것처럼, "그러므로 예수도 자기 피
로써 백성을 거룩케 하려고 성문 밖에서 고난을 받으셨느니라" (12
절). 예수님의 피에 의한 성결이 현저한 주제를 되풀이 한다 (9:
12-14; 10:10, 14). 자기 백성에게 거부되고 멸시된 예수님은 예
루살렘 성문 밖에서 돌아가셨다. "밖에서"는 저자에게나 독자들에
게 특별한 의미를 지닌다.

이제 모든 문제의 핵심이 전개된다. "그런즉 우리는 그 능욕을
지고 영문 밖으로 그에게 나아가자" (13절). 여기에 사용된 언어는
강하다: "영문 밖으로 그에게 *나아가자*." 밖으로! 나아가자! "영문
밖으로" (11절), "성문 밖에서" (12절), "영문 밖으로"(13절)를 주
목하자. 신성모독자로 정죄를 받으신, 그리고 노예처럼 십자가에

서 처형당하신 예수님은 도성 밖에서 죽으셨는데, 법을 어긴 사람들은 의례히 성 밖에서 처벌되었다. 그것은 예수님에게 더할 나위 없는 치욕이었다 (12:2와 갈 3:13 참조).

여기의 호소는 직접적이며 효과적이었다. 이 권면에서 저자는 자신을 포함시키면서 말한다: "예루살렘 밖에 있는 그리스도에게 나아가자. 그분은 안에서가 아니라 밖에서 죽으셨다. 그 도성 밖에, 유대교의 중심 밖에, 그리스도도 계시며 구속도 있다. 옛 제사 체계는 지나갔다. 당신은 그리스도를 선택하고 그분에게 나아가야 한다. 비록 그것이 고난을 뜻한다손 치더라도 말이다."

독자들이 그리스도를 따르려 한다면, 수치와 학대가 함께 할 것이었다. 그러나 왜 따르지 않겠는가? "우리가 여기는 영구한 도성이 없고 오직 장차 올 것을 찾나니" (14절). 이 구절은 히브리서의 요절 가운데 하나로, 우리 모두가 암송해야 한다. 비록 간략하게 언급되긴 했어도, 그 말씀은 그리스도인인 우리가 진정으로 누구인가를 살며시 상기시켜 준다. 우리는 지나가는 순례자들일 뿐이다. 믿음의 조상들처럼 우리도 세상에서는 "고향을 찾아가는" "행인과 나그네들"이다 (11:13-16; 11:10 참조).

독자들은 유대교를 버리라는 소환을 받은 바 있었는데, 이제는 순례자의 길로 소환을 받는다. 실제로, 순례자가 되라는 부르심은 너무나 기본적이다. 접속사인 "왜냐하면"을 보라 (개역한글판에는 없음--역자 주). 저자가 말하는 것은 이렇다: "영문 밖에 있는 그리스도에게로 나아가자. 낙인(烙印)을 가지고 다니자. *왜냐하면* 이 도성들은 없어지나, 하나님의 도성〔믿는 자들에게는 아직 미래이다〕은 남아 있다. 순례자들처럼 되어 의식적으로 그 도성을 추구하자."

우리가 하늘의 도성을 향해 가는 동안, 우리는 영적 제사를 드려야 한다. "우리가 예수로 말미암아 항상 찬미의 제사를 하나님께 드리자"(15절). "예수로 말미암아"는 우선 강조를 위해 쓰인다. 예배자들이 그분을 통하여 하나님에게 나아올 때 (7:25), 그분의 희생으로 우리의 죄가 없어지는 것처럼 (9:26), 이제 예배도 그분을 통하여 이루어져야 한다. 은혜로 든든해진 마음은 지속적으로 찬양하면서, 우리의 입술로 그분을 감사하게 된다.

감사 이외에도 선행이라는 결코 잊어서는 아니 될 제사가 있다. "오직 선을 행함과 서로 나눠 주기를 잊지 말라. 이같은 제사는 하나님이 기뻐하시느니라"(16절). "나눠 주다"는 신약성경의 의미심장한 단어인 *코이노니아*(koinonia)를 번역한 것이다. 이것은 선행과 같이 가며, 여기에서는 특히 동료 그리스도인들에게 행하는 선을 가리킨다.

마지막 말씀 (13:17-25)

비록 새로운 제목 밑으로 분류되긴 했어도 17절은 앞의 단락과 직접 연결된다. "너희를 인도하는 자들을 기억하라"(7절), "너희를 인도하는 자들에게 순종하라"(17절). 이 명령을 더 기록하면 다음과 같다: "너희를 인도하는 자들에게 순종하고 복종하라." 물론 이 말씀은 본문 안에서 이해되어야 한다. 7절과 17절은 괄호의 역할을 하면서 그 가운데 있는 것은 "다른 교훈"에 대한 강한 경고이다 (9-14절). 독자들은 과거의 지도자들을 기억해야 하는데, 그 이유는 그들이 먼저 하나님의 말씀을 가르쳤기 때문이다. 그들은 현재의 지도자들에게 순종해야 하는데, 그 이유는 그들도 하나님의 말씀을 대표하기 때문이다. 그러므로 순종하고 복종하는 것은 어떤 지도자나 선생에게 맹목적으로 순종하는 것을 의미하지 않는다.

저자는 이 회중을 인도하는 현재의 지도자들에 대하여 세 가지를 더 언급한다.

1. 그들은 지켜본다. 저자는 독자들에게 "그들은 너희를 지켜본다"라고 말하지 않고 "그들은 너희 영혼을 끊임없이 지켜본다"고 아름답게 말한다 (6:19와 10:39 참조). 그런 모습은 양떼를 돌보며 보호하는 목자이다.

2. 그들은 보고할 것이다. 이 말은 그들이 다른 사람들의 행동을 "보고한다"의 뜻이 아니라, 그들이 목자로서 섬긴 방법에 대하여 하나님에게 보고한다는 뜻이다. 하나님에게 보고하다! 생명책이 열려지는 그 날은 과연 어떤 형태일까?

3. 그들은 기쁨으로 섬겨야 한다. "저희로 하여금 즐거움으로 이것을 하게 하고, 근심으로 하게 말라." 이 표현이 함축하고 있는 것은 현재의 지도자들이 회중을 돌보느라고 과로하고 있다는 것이다. 회중 가운데 믿음을 포기하고 다시 유대교로 돌아가려는 사람들이 있을진대, 그럴 수밖에 없을 것이다.

반면에, 그들은 지도자들의 건전한 가르침을 기억하면 슬픔보다는 기쁨을 누리게 될 것이다. 그리고 지도자들이 근심하고 한숨을 쉬고 있다면 결코 회중의 상태가 칭찬받을 만하지 않다는 것을 의미한다.

다음 구절은 독자들의 기도를 요청한다. 18절에서 "우리를 위하여 기도하라"는 19절의 "너희의 기도함을 더욱 원하노라"로 발전한다. 왜 저자가 독자들의 기도를 바라는지를 설명하면서 이런 의미로 언급한다: "저희 지도자들을 기억하고 순종하라. 나를 위하여 기도하라. 너희는 내가 이 편지를 쓰는 의도를 오해하지 않기를 바라노라. 나에게는 선한 양심이 있기에 옳은 것을 하기 원하노라."

저자는 특별히 간절하게 기도할 것을 요청하는데, 그 내용은 그가 그 회중에게 곧 나아가기를 원하는 것이다. 독자들이 하나님의 말씀을 경청하는 데 "더욱 간절한 것"처럼 (2:1), 기도에도 "더욱 간절해야" 한다. 저자가 독자들에게 상기해 주고 싶은 것은 그가 거기에 가서 몸소 메시지를 전하기를 소망한다는 사실이다. 이 편지의 저자가 우리에게는 알려지지 않았으나, 처음 독자들에게는 확실히 알려졌을 것이다.

독자들의 기도를 요청한 저자는 사랑을 가지고 그들을 위하여 기도한다. "양의 큰 목자이신 우리 주 예수를 영원한 언약의 피로 죽은 자 가운데서 이끌어 내신 평강의 하나님이 모든 선한 일에 너희를 온전케 하사, 자기 뜻을 행하게 하시고, 그 앞에 즐거운 것을 예수 그리스도로 말미암아 우리 속에 이루시기를 원하노라; 영광이 그에게 세세무궁토록 있을지어다. 아멘" (20-21절).

얼마나 풍부하고 웅변적인 축도인가! 어쩌면 신약성경에서 가장 아름다운 축도일 것이다 (유 24-25 참조). 이 축도의 강조는 하나님이며, 하나님이 하실 수 있는 것이며, 동시에 하나님의 뜻으로, 다시 말해서, 완전히 하나님의 영광을 위한 것이다. 너무나 많은 경우 우리의 기도는 하나님과 그분의 뜻보다는 우리 자신에 더 초점을 둔다.

이 기도에서 하나님은 "평강"을 주시는 분으로 묘사된다. 평강은 일반적으로 복지 내지 건강을 가리키나, 신약성경에서 가끔은 구원을 가리킨다 (행 10:36; 엡 2:17). 하나님은 그뿐 아니라 "우리 주 예수"를 일으키신 분이다. 그리스도를 죽음에서 다시 살리신 분은 전능하신 하나님이시다. 그 백성을 강건케 하며 그들의 기도를 응답하기 위하여 할 수 없는 것은 아무 것도 없다.

양의 목자이신 예수님(요 10:11-18 참조)은 17절에서 지도자들을 목자라고 부르신다. 그러나 그분은 **큰 목자**이시며, 다른 모든 지도자는 그분 수하에 있는 작은 목자들이다 (벧전 5:4 참조). 저자는 이것을 최대한도로 강하게 말하는데, 그것은 마치 요한복음 10장 11절에서와 비슷하다. 문자적으로 번역하면 그 두 표현은 유사하다:

> 선한 목자 (요 10:11)
> 큰 목자 (히 13:20)

"영원한 언약의 피"는 이 편지의 장엄한 중간 부분의 중심 주제를 연상시킨다 (8:1-10:18). 그리스도의 피는 죄를 구속하며 용서를 약속하는 새 언약을 확증한다. 그것은 언약을 영원히 유효하게 한다 (9:12 참조).

기도의 주된 흐름은 독자들이 모든 것을 소유하게 하는 것이 아니라, 하나님의 뜻을 행하는 데 필요한 모든 것을 소유하게 하는 것이다. 앞에서, 독자들은 하나님의 뜻을 행하기 위하여 인내하라는 부르심을 받은 바 있다 (10:36). 여기에서의 기도는 그들이 온전하게 되어 하나님의 뜻을 행함으로, 하나님이 예수 그리스도를 통하여 그들 안에 두신 당신의 목적을 이루시는 것이다. 그리고 전능하신 하나님에게 찬양과 영광을 "세세토록" 돌린다.

마지막으로 22-25절에는 몇 가지 사실만 남아 있다. 모든 실제적인 목적을 위하여 히브리서는 기도로 마친다. 이제 디모데에 대하여, 여행 계획에 대하여, 그리고 특별한 문안에 대하여 언급한다. 이런 조목들은 편지를 받는 사람들의 역사적 상황에 대한 통찰력을 좀더 제공해 주는데, 그들에 대하여는 우리도 더 많이 알기를 원한다. 이런 것들은 헬라어 편지 끝에 전형적으로 나타난다. 마지막 말은 이 편지를 읽는 모든 사람들에게 하나님의 은혜라는 축복을 전달한다.

마지막 청원이 22절에 들어 있다: "형제들아, 내가 너희를 권하노니 권면의 말을 용납하라. 내가 간단히 너희에게 썼느니라." 저자가 나의 메시지를 "용납하라"고 한 말은 독자들이 그 메시지를 "참거나" 아니면 "견디는 것"을 뜻하지 않는다. 독자들이 이 편지를 거부할 수도 있다는 것을 잘 아는 저자는 마음을 열고 이 편지를 "받으라"고 간청하는 것이다.

그리고 그들은 이 편지를 받아야만 한다! 그러나 그들은 받았던 가? 그처럼 먼 옛날에 그들이 모여서 처음으로 편지를 읽고 어떻게 생각했는가? 그들은 편지를 환영했는가? 그들의 영적 침체에서 돌이키고 감사함으로 그리스도와 그분의 희생을 시인했는가? 그리고 그들은 그리스도를 위하여 학대를 감수했는가? 뒤를 돌아보면서, 우리는 이 편지가 그들을 첫 사랑으로 회복시켰을 것이라는 희망을 가질 수 있다.

우리는 이 놀라운 편지를 읽었고, 그리고 초대 교회의 위대한 선생 중 한 사람의 발 밑에 앉아서 배웠다. 독자들의 갈등과 도전은 우리의 것이 되었다. 우리는 독자들이 어디에서 살았는지 그리고 그들이 누구인지 많이 알지 못한다. 그러나 하나님의 은혜로 우리가 천국을 영원히 소유할 때, 그 독자들과 그들의 선생을 만나서 이 편지가 우리 모두에게 많은 것을 가르쳐 주었다고 말할 수 있을지도 모른다. 그리고 두말 할 필요도 없이, 저 영원한 나라에서 우리는 수많은 하늘의 시민들과 합하여 모든 것의 하나님과 우리 주 예수님에게 찬양과 감사를 돌릴 것이다!

> 아름다운 구세주! 열국의 주님!
> 하나님의 아들이시며 인간의 아들.
> 영광과 존귀, 찬양 및 찬송이
> 이제로부터 당신에게 영원히!

질 문

1. 만일 히브리서가 과연 수사학적이라면, 왜 이 편지가 실제적인 권면으로 끝난다고 당신은 생각하는가? 이 권면 가운데 어떤 권면을 당신이 특별히 기억해야 할 필요가 있는가?

2. "예수 그리스도는 어제나 오늘이나 영원토록 동일하시니라"의 문맥을 설명하라 (13:8). 이것이 어떻게 7절과 9절과 직접적으로 연관되는지 보여 주라.

3. 왜 히브리서 저자는 독자들이 그들의 지도자들을 기억하기를 원하는가 (13:7; 17)? 우리는 모든 지도자들을 어떤 경우에라도 따라야 하는가?

4. 다른 사람들이 참여할 수 없는 그리스도인들의 제단은 무엇인가 (13:10)?

5. 13:13에 있는 권면을 설명하라. 이 권면은 편지의 목적에 대하여 어떻게 말하는가?

6. 13:14를 기독교 순례자들에 대한 특별한 부르심으로 설명하라. 어떻게 그리스도인은 세상에 속하지 않으면서 세상에서 사명을 가질 수 있는가?

추천 도서

Brown, Raymond. *The Message of Hebrews: Christ above All.* The Bible Speaks Today Series. Downers Grove, Ill.: InterVarsity, 1982.

Bruce, Alexander Balmain. *The Epistle to the Hebrews: The First Apology for Christianity.* Edinburgh: T. & T. Clark, 1899. Reprint, Minneapolis: Klock & Klock Christian, 1980.

Ellingworth, Paul. *The Epistle to the Hebrews.* London: Epworth, 1991.

Gooding, David. *An Unshakeable Kingdom: The Letter to the Hebrews for Today.* Grand Rapids: Eerdmans, 1989.

Guthrie, Donald. *The Letter to the Hebrews.* Tyndale New Testament Commentaries. Grand Rapids: Eerdmans, 1983.

Hagner, Donald A. *Hebrews.* New International Biblical Commentary. Peabody, Mass.: Hendrickson, 1990.

Lane, William L. *Hebrews: A Call to Commitment.* Peabody, Mass.: Hendrickson, 1985.

Lightfoot, Neil R. *Jesus Christ Today: A commentary on the Book of Hebrews.* Grand Rapids: Baker, 1976. Reprint, Abilene, Tex.: Bible Guides, 1989.

Stedman, Ray C. *Hebrews*. The IVP New Testament
    Commentary Series. Downers Grove, Ill.:
    InterVarsity, 1992.

Stibbs, Alan M. *So Great Salvation: The Meaning and Message
    of the Letter to the Hebrews*. Exeter: Paternoster, 1970.

Thompson, James W. *The Letter to the Hebrews*. Austin, Tex.:
    R. B. Sweet, 1971.

Wilson, R. McL. *Hebrews*. New Century Bible Commentary.
    Grand Rapids: Eerdmans, 1987.

도서출판 세 복의 발간 도서

간증 서적

나는 어떻게 예수님을 만났는가?
홍성철 편집 / 신국판 / 초판 1쇄, 개정판 8쇄 / 328쪽 / 7,000원
각계 각층에서 그리스도의 향기를 진하게 풍기고 있는 21명의 신앙 고백 간증집. 전도용 선물로 최적인 책.

How I Met Jesus
John Sung-Chul Hong Ed. / 신국판 / 초판 1쇄 / 296쪽 / $9.99
『나는 어떻게 예수님을 만났는가?』의 영어판. 한국 평신도 남녀 각 5인씩, 한국 목사 5인 및 외국인 5인의 신앙 고백서.

사망의 골짜기를 지날지라도
볼레터 스틸 크럼리 지음 / 유정순 옮김 / 신국판 / 초판1쇄 / 158쪽 / 4,500원
말로 다 표현할 수 없는 인간의 비극 가운데서 하나님의 평강을 발견한 저자의 믿음과 용기에 관한 능력 있는 체험적인 이야기.

경건 서적

하나님의 회초리 능력을 위한 사랑의 매
스탠리 탬 지음 / 성미영 옮김 / 신국판 / 초판 1쇄 / 234쪽 / 6,500원
어떻게 하나님의 능력을 갖게 되고, 기도의 응답을 받으며, 매일 당면하는 문제를 초월하여 승리하고, 열매 맺는 삶을 누릴 수 있는지를 체험적으로 쓴 책.

그리스도의 마음
데니스 킨로 지음 / 홍성철 옮김 / 신국판 / 초판 1쇄 / 188쪽 / 6,000원
성령이 믿는 자에게 주시는 "그리스도의 마음"이 의미하는 바가 무엇인지를 잘 설명해 주는 책.

날마다 솟는 샘
존 T. 시먼즈 지음 / 이영기 옮김 / 크라운판(양장본) / 초판 1쇄 / 378쪽 / 12,000원
사복음서에 나타난 예수님의 삶과 가르침을 통하여 일 년 동안 큐티를 위한 매일의 영적 양식으로, 독자의 영적 삶을 풍성하게 해 주는 책.

기적을 만드는 사람들
워렌 위어스비 지음 / 구교환 옮김 / 신국판 / 초판 1쇄 / 182쪽 / 6,000원
사도로 변화된 베드로의 이야기를 통해 현대의 그리스도인들이 하나님의 기적을 만들며 살아가도록 도전하는 책.

첫 걸음부터 주님과 함께
션 던 지음 / 전현주 옮김 / 신국판 / 초판 1쇄 / 112쪽 / 3,500원
반복되는 일시적인 결단의 공허함을 극복할 수 있는 원리를 제시하며, 그 원리를 삶에 적용할 때 믿음의 진보와 주님과 하나 되는 매일의 삶으로 인도하는 책.

강해 설교

고난 중에도 기뻐하라 (빌립보서 강해 설교)
홍성철 지음 / 신국판 / 초판 2쇄 / 506쪽 / 10,000원
고난 중에도 기뻐할 수 있는 사도 바울의 비결을 성경적으로 파헤치고, 목회적으로 제시한 41편의 강해 설교집.

우리에게 일용할 양식을 주소서 (주기도문 강해 설교)
홍성철 지음 / 신국판 / 초판 2쇄 / 228쪽 / 6,000원
주기도문에 나타난 하나님의 영광과 우리의 필요를 깊이 조명시켜 주는 17편의 강해 설교집.

눈물로 빚어 낸 기쁨 (룻기 강해)
홍성철 지음 / 신국판 / 초판 1쇄 / 182쪽 / 6,000원
룻기에 감겨진 아름다운 이야기를 새로운 각도로 접근하여 전개한 강해집.

심령의 호소를 들으시는 하나님 (시편 강해 1-23편)
이태웅 지음 / 신국판 / 초판 1쇄 / 304쪽 / 7,500원
시편을 기록한 지 수천 년이 지났으나, 시편 기자들이 경험한 변함없는 하나님의 실재와 냉험한 세상의 현실 사이에서 의에 주리고 목말라하는 사람에게 한 모금의 냉수와 같은 책.

요한복음 강해 (I-IV)
강선영 지음 / 신국판(양장본) / 초판 1쇄 / 590쪽 / 권당 12,000원
저자가 6년여 동안 요한복음을 연구하며 설교한 것을 정리하여 펴낸 강해 설교집.

알기 쉬운 히브리서 (히브리서 강해)
네일 라이트푸트 지음 / 홍성철 옮김 / 신국판 / 초판 1쇄 / 244쪽 / 7,500원
대제사장이요 단번에 드려진 속죄물이신 예수 그리스도를 소개하여 모든 그리스도인들의 신앙을 깊게 하며 예수 그리스도를 깊이 만나게 하는 명저.

워크북 시리즈

죽음에 이르는 죄   어떻게 극복할 것인가
맥시 더남, 킴벌리 더남 레이스먼 지음 / 서대인 옮김 / 신국판 / 초판 1쇄 / 288쪽 / 7,000원
피할 수 없는 일곱 가지 죄가 우리의 삶에 어떻게 나타나며, 이러한 죄를 다루는 방법을 제시하여 죄를 극복하게 하는 책.

중보기도
맥시 더남 지음 / 구교환 옮김 / 신국판 / 초판 1쇄 / 266쪽 / 7,000원
본서는 중보기도의 이해를 도울 뿐만 아니라, 개인이나 그룹이 중보기도를 실제로 하게 하기 위한 구체적이고 실제적인 지침서.

성령의 열매와 생활
맥시 더남, 킴벌리 더남 레이스먼 지음 / 박재승 옮김 / 신국판 / 초판 1쇄 / 270쪽 / 7,000원
그리스도인의 믿음을 강화시켜 줄 재료로 일곱 가지 기본 덕목을 제시하며, 하나님이 창조하신 대로 선한 자가 되어, 독자를 성령의 열매를 맺는 생활로 안내하는 책.

영적 훈련
맥시 더남 지음 / 이연승 옮김 / 신국판 / 초판 1쇄 / 230쪽 / 7,000원
승리하는 그리스도인의 삶을 형성하기 위한 훈련 과정의 워크북으로, 개인적인 묵상뿐
만 아니라 소그룹에서 사용할 수 있는 훈련 교재로도 적합한 책.

예수님처럼 사랑하자
맥시 더남 지음 / 류명욱 옮김 / 신국판 / 초판 1쇄 / 202쪽 / 7,000원
사도 바울의 사랑장인 고린도전서 13장의 내용을 구체적으로 파악할 수 있고, 독자로
하여금 사랑할 수 있는 구체적인 사랑의 길로 인도하는 책.

상담 서적

상처난 아버지와의 관계 회복
제임스 L. 쉘러 지음 / 이기승 옮김 / 신국판 / 초판 2쇄 / 272쪽 / 7,000원
인생의 풀리지 않는 아버지와의 문제들이 무엇이며 그것을 어떻게 다루어야할지, 더
나아가 하나님 아버지께로 인도하는 책.

목회자의 자기 관리
로이 오스왈드 지음 / 김종환 옮김 / 신국판 / 초판 2쇄 / 276쪽 / 7,000원
자기 관리에 게으르거나 무관심한 그리스도인이 어떻게 자기 관리를 해야 하는지 구체
적으로 제시하는 책.

영혼을 돌보는 목자
캐롤 와이즈, 존 힝클 지음 / 이기승 옮김 / 신국판 / 초판 1쇄 / 248쪽 / 6,500원
잠재력이 있는 영혼들을 돌보는 사역을 감당하고자 하는 목사, 전도사, 평신도 지도자,
구역장 등에게 안내자 역할을 하는 책.

잃어버린 퍼스날리티를 찾아서
최병전 지음 / 신국판 / 초판 1쇄, 개정판 1쇄 / 206쪽 / 5,000원
구원은 받았지만 인격의 상처는 개인과 가정과 교회와 사회에 문제를 일으키는 것을
진단하고 해결의 실마리를 제시하는 책.

당신의 인생을 다시 시작하라
데일 겔러웨이 지음 / 류선욱 옮김 / 신국판 / 초판 1쇄 / 202쪽 / 6,500원
인생에서 위기를 당하거나 상처를 입었을 때 어떻게 극복할 수 있는지 저자 자신의 경
험을 통해 새롭게 일어날 수 있는 길을 감동적으로 조명해 주는 책.

존 웨슬리 서적

불타는 전도자 존 웨슬리
홍성철 지음 / 신국판(양장본) / 초판 2쇄 / 344쪽 / 10,000원
존 웨슬리가 어떻게 불타는 전도자가 될 수 있었는지를 제시하여, 현대 그리스도인들
도 불타는 전도자가 되도록 인도해 주는 책.

존 웨슬리 그의 생애와 신학
로버트 G. 터틀 2세 지음 / 김석천 옮김 / 신국판 / 초판 1쇄 / 480쪽 / 13,000원
본서는 하나님께 전적으로 헌신하며 살았던 존 웨슬리의 이야기를 통해 독자를 예수
그리스도의 충만한 믿음으로 인도해 주는 책.

현대인을 위한 존 웨슬리의 메시지
스티븐 하퍼 지음 / 김석천 옮김 / 신국판 / 초판 2쇄 / 168쪽 / 5,000원
존 웨슬리의 메시지를 현대인을 위해 재해석한 책으로, 현대의 그리스도인들에게 빛과
방향을 제시해 주는 귀중한 저서.

수잔나 존 웨슬리의 어머니
아놀드 댈리모어 지음 / 김석천 옮김 / 신국판 / 초판 2쇄 / 230쪽 / 6,000원
존과 찰스 웨슬리의 어머니 수잔나의 경건의 모범, 자녀 교육과 양육, 고난과 어려움을
이겨 풍성한 영적 유산을 남겨 준 이야기.

신학 서적

회심 거듭남의 의미와 적용
홍성철 편집 / 신국판 / 초판 2쇄, 개정판 2쇄 / 224쪽 / 6,000원
기독교에서 가장 핵심적 교리인 "회심"의 문제점을 신학적, 경험적, 적용적으로 이 분
야의 권위자들이 다룬 9편의 글.

타문화권 복음 전달의 원리와 적용
존 T. 시먼즈 지음 / 홍성철 옮김 / 신국판 / 초판 3쇄, 2판 1쇄 / 342쪽 / 8,000원
복음과 타종교와의 관계를 다루면서도 복음 전달의 원리와 방법을 깊게 다루어 복음
전달의 이론적 인도자가 되는 명저.

복음주의 실천신학개론
복음주의 실천신학회 편 / 신국판(양장본) / 초판 3쇄 / 430쪽 / 13,000원
한국 교회의 목회자와 그리스도인들에게 신학의 복음주의적인 안목을 갖게 함으로 목
회 현장을 더욱 풍요롭게 하는 지침서.

웨슬리안 조직신학
오톤 와일리, 폴 컬벗슨 지음 / 전성용 옮김 / 신국판 / 초판 1쇄 / 570쪽 / 15,000원
신학의 기초 과정을 위한 교과서일 뿐만 아니라, 평신도들이 사용할 수 있도록 간략하
면서도 체계를 갖춘 기독교 교리를 제시한 신학의 고전.

전도 서적

현대인을 위한 복음전도의 성경적 모델
홍성철 지음 / 신국판 / 초판 1쇄 / 320쪽 / 10,000원
복음적인 안목으로 성경에 접근하고자 하는 그리스도인과 복음전도 지향적인 설교를
준비하는 사역자를 위해 길잡이 역할을 할 명저.

당신의 생애도 변화될 수 있다

알란 워커 지음 / 홍성철 옮김 / 신국판 / 초판 1쇄 / 104쪽 / 3,000원

삶의 목적과 변화를 원하는 모든 현대인들에게 예수 그리스도가 제공하는 구원의 은혜
로 변화된 생애를 살 수 있도록 도전하고 길잡이 역할을 할 명저.

교회 갱신

가정교회 21세기 목회의 새로운 대안

박승로 지음 / 신국판 / 초판 1쇄 / 214쪽 / 7,500원

교회 성장을 위하여 소그룹의 특성을 살리며 살아 있는 교회의 세포인 "교회 안의 작은
교회"의 가정교회의 사례 연구와 교회 갱신의 전략으로서 구체적인 방향을 제시한 책.

기독교 고전 시리즈 (1-16권 / 초판 2쇄 / 권당 1,500원)

1. 왜 하나님은 무디를 사용하셨는가   R. A. 토레이 지음 / 홍성철 옮김
2. 보다 깊은 삶   로버트 머레이 맥체인 지음 / 구교환 옮김
3. 하나님의 임재를 연습하라   로렌스 형제 지음 / 이소연 옮김
4. 성결   J. C. 라일 지음 / 서대인 옮김
5. 예수님을 위하여 선하게 증거하자   존 왓슨 지음 / 이대규 옮김
6. 공격적인 기독교   캐더린 부스 지음 / 염동팔 옮김
7. 구령자를 위한 권면   호레시우스 보너 지음 / 최석원 옮김
8. 불타는 사랑   블레즈 빠스칼 지음 / 곽춘희 옮김
9. 행동하는 믿음   조지 뮬러 지음 / 송철웅 옮김
10. 하늘가는 마부   존 번연 지음 / 문정일 옮김
11. 성도다운 학자의 결단   조나단 에드워즈 지음 / 홍순우 옮김
12. 설교자와 기도   E. M. 바운즈 지음 / 이혜숙 옮김
13. 성도의 영원한 안식   리차드 백스터 지음 / 이기승 옮김
14. 부흥의 법칙   제임스 번스 지음 / 문정선 옮김
15. 성경적 구원의 길   존 웨슬리 지음 / 박홍운 옮김
16. 친구여 들어보지 않겠소?   찰스 스펄전 지음 / 홍성철 옮김